GESLOTEN HUIS

Kerst 1996,
van papa 2 mamma

NICOLAAS MATSIER

Oud-Zuid, Onbepaald vertraagd, De eeuwige stad,
Een gebreid echtpaartje en andere verhalen

DE BEZIGE BIJ

Nicolaas Matsier
GESLOTEN HUIS
Zelfportret met ouders

1995
UITGEVERIJ DE BEZIGE BIJ
AMSTERDAM

Dat ik kon beschikken over de tijd die het schrijven
van *Gesloten huis* kostte, is voor een flink deel te
danken aan het werkbeurzensysteem van het
Fonds voor de Letteren.
N.M.

Copyright © 1994 Nicolaas Matsier
Omslag Paul Koeleman
Omslagillustratie Samuel van Hoogstraten, *Bedriegertje*
Eerste druk maart 1994
Tweede druk april 1994
Derde druk juni 1994
Vierde druk september 1994
Vijfde druk oktober 1994
Zesde druk november 1994
Zevende druk februari 1995
Achtste druk april 1995
Negende druk (gebonden) april 1995
Tiende druk april 1995
Druk Hooiberg Epe
ISBN 90 234 3312 2 CIP
NUGI 300

Welches Kind hätte nicht Grund über seine Eltern
zu weinen?
Friedrich Nietzsche, *Also sprach Zarathustra*

*

Soms overkomt het je dat je opstaat uit je stoel, met een of ander doel: je wilde iets opzoeken, je moest wat halen, je ging koffie zetten—en opeens weet je niet meer waar het om begonnen was. Je staat ergens, zomaar, halverwege de trap, midden op de gang, met je hand aan de kruk van een deur. En je vraagt je af: jij hier?

Zoals je je bril kwijt kunt zijn, of je agenda, of je sleutels. Zo sta je daar plotseling. Zonder doel. Het vreemde van deze gewaarwording is dat je voor korte tijd geen noemenswaardig heden meer bezit: je verkeert in een soort tussenruimte, tussen je heden van zoëven, en de toekomst die je—hoe minimaal ook—zojuist nog had. Je bungelt. Je bent als het ware opgeheven. De machinerie hapert.

Misschien is het duidelijker, te zeggen dat het heden—zoals gewoonlijk—volop en massief aanwezig is, maar dat jij het zelf bent die eraan ontbreekt. Dat het lichaam, als na een sterfgeval volgens spiritistische opvatting, nog in die stoel zit maar jij, halverwege de trap, midden op de gang, met je hand aan de kruk van de deur, je vergenoegen moet met de transparante gewichtloosheid en uitgevloeidheid—of zeg maar gerust: de spookachtigheid—van het astraal lichaam.

Het gelukkigst is een mens, daarvan ben ik overtuigd, wanneer hij handelt, en wanneer zijn handeling hem van zoë-

7

ven naar zometeen voert, zonder enig onderscheid tussen het beetje verleden, het beetje heden, en het beetje toekomst dat aan dit handelen te pas komt. Voor de bungelende mens komt het er hoe dan ook op aan, zich weer te begeven naar de plek die hem zijn doel teruggeeft: hij moet opnieuw naar de plek waar hij zat, hij moet weer gaan zitten, en het moment hervinden van vlak voor hij opstond.

Iemand moest het doen, van ons drieën, en toevallig ben ik het. In het nu nagenoeg geheel ontruimde voormalige ouderlijk huis wacht ik op de komst van de makelaar.

Ik ben uit Amsterdam komen aanrijden, per auto. En heb voor de laatste keer koers gezet naar het huis. Als ik straks de Mispelstraat en de Vruchtenbuurt weer uitrijd is dat—neem ik aan—definitief. Ik zal niet terugkeren in de buurt van mijn jeugd: ik heb er niets meer te zoeken.

Langzaam zal het stratenplan, zullen de routes door zowel de buurt als de stad, zullen de buurtwinkels, zal de weinig fraaie Vlierboomstraat, de iets welgestelder Appelstraat, de bakstenen lelijkheid van de Petrakerk op de hoek van de Thorbeckelaan, langzaam zal dat alles mijn hoofd gaan verlaten.

Eerst zal alles stil blijven staan. Er zal geen sloop meer plaatsvinden in het beeld, geen nieuwbouw, geen verhuizing van mensen, geen opening van nieuwe winkels, geen invoering van eenrichtingsverkeer, geen installatie—wie weet—van nieuw straatmeubilair. Want ik zal het niet meer bijhouden, met de vanzelfsprekende halve onachtzaamheid waarmee de dingen nu eenmaal bijgehouden worden langs vertrouwde routes.

De weg naar Den Haag, en erdoorheen—naar de Vruchtenbuurt. Met geen andere te vergelijken, al bijna dertig jaar. Eerst jarenlang als student, die de weekends thuiskwam; liftend of per trein en bus. Later met vriendin. De laatste tien jaar vergezeld van kinderen.

Vier mensen in de auto, zo vertrouwd. Ouders met twee kinderen, onderweg naar een stuk of drie varianten van dezelfde persoon: de moeder van ooit en nu (mijn geval, lichte plicht); de schoonmoeder, weduwe en steeds waardiger en wijzer oude dame (het geval van mijn vrouw); en de oma, en wel—om precies te zijn—oma Nel (het geval van mijn kinderen).

Vreemd, dat ik straks de deur van het lege huis achter mij dichttrekken zal, kort nadat ik de makelaar uitgelaten zal hebben. Kort nadat. Ik wil in geen geval *samen met* die man vertrekken! Dat zou ver beneden het peil van de minimale piëteit zijn. Stel je voor: converserend samen de deur uit, nog wat beleefdheden en platitudes in het halletje en op de stoep terwijl jij de deur op slot doet, al net zo'n vreemde voor het huis als hij...

Maar zo zal het helemaal niet gaan. Welnee. Ik heb namelijk een fototoestel meegenomen. Ik zal fotograferen hoe leeg het huis is, na zijn vertrek.

Ik wacht dus op de komst van de makelaar. Om hem het huis te laten zien. Dat wil zeggen: hem binnen te laten, en weer uit. Daarom ben ik zelf binnengekomen, zoëven: sleutel in slot. Laatste keer.

Het is bijna gewoon geworden, de afgelopen maanden. Dat ik niet aanbel, en niet een poosje wacht op de langzame nadering van mijn moeder, maar de sleutel gebruik. Blik, onderwijl, op het wat afbladderende naambordje. Met de naam, nog altijd, van mijn vader. Het bordje met zijn naam, dat na zijn dood gewoon is blijven zitten, zeven jaar lang, op de voordeur waarachter alleen mijn moeder nog woonde. Zoals het daar voordien ook bijna dertig jaar geprijkt had. De naam van het zonder enige twijfel mannelijk hoofd van het gezin. Zeden en gewoonten van een generatie.

Ik heb de sleutel dus in het slot gestoken en ben naar binnen gegaan. Maar wat vreemd intussen, dat deze dingen, die hier stuk voor stuk voor de laatste keer plaatsvinden, niet minder terloops willen plaatsvinden. Dat ze er niet op toezien dat er een zekere stilering wordt aangebracht, of enige vertraging. Dat er ten minste een vioolkwartet of een cellosuite ten gehore wordt gebracht. Dat ze niet protesteren, deze minieme routinehandelingen, en geen hoger beroep aantekenen tegen de betrekkelijk grote onverschilligheid waarmee ze—*deze laatste keer*—verricht worden.

Maar wat ik denk en voel, verschilt niet zoveel van de tientallen keren hiervoor. Ik heb het naambordje gezien, dat ik er niet af zal halen. Het niet zo heel fraaie naambordje met mijn vaders naam, laat dat maar zitten, hier op deze deur, waar het hoort en gehoord heeft. Dat is werk voor de volgende bewoners, net als de deur zelf, die dan meteen even bijgeschaafd kan worden. Of vervangen door een eigentijdser model.

Ik heb de deur, die een beetje klemt, achter me

dichtgetrokken. Ik heb bij het binnenkomen even naar links gekeken, naar het glazen deurtje van de brievenbus in de muur. Om te zien of de door mij aangebrachte, uiterst wankele, constructie ter voorkoming van brievenbusgebruik nog steeds dienst doet.

Die had ik pas aangebracht toen het huis al zo leeg was dat er alleen nog maar te improviseren viel. Zij bestond, in alle eenvoud, uit een veerkrachtige twijg uit de tuin, die een stuk triplex, van de straat opgeraapt, zodanig tegen de hardstenen gleuf van de brievenbus gedrukt hield dat deze voorlopig verstoken zou kunnen blijven van al dat zinloze drukwerk, die buurtkrantjes, die aanbiedingen van kruideniers en poeliers, afhaalchinezen en stoelenmatters.

Om de een of andere reden was me dat bittere ernst geweest. Ik wenste niet dat de brievenbus na haar dood nog langer lastig gevallen zou worden door het meest onverschillige type post dat er bestaat, de ongeadresseerde. Tevens het enige type dat er nog kwam.

Want voor de gewone post die in de weken na haar overlijden nog gekomen was hadden mijn zus en ik al zorg gedragen. Misschien een kleine dag lang waren we in de weer geweest, zij met giroafschriften, ik met adresbandjes. Die in enveloppen gestopt werden, samen met een briefje waarin gerept werd van opzegging of beëindiging 'in verband met overlijden'.

Die dag had tot resultaat gehad dat mijn moeder niet langer lid was van de Nederlandse Christelijke Radiovereniging, geen abonnee meer van het dagblad *Trouw* en van het kerkblad *Gereformeerd Den Haag*, van *Groei & Bloei*, en van *Dokter Vogel's Nieuws*, geen vriendin meer van de Amsterdamse Hortus, geen lid meer van Natuurmonumenten en van de Consumentenbond—in een paar dozijn administraties was zij, een aantal weken na dato, nu ook op papier komen te overlijden.

Lang hoef ik niet te wachten. De makelaar is stipt op tijd. In deze rustige straat in een buitenwijk zonder werkloosheid bestaat op dit ochtendlijke tijdstip geen enkel parkeerprobleem.

De makelaar—wij drukken elkaar de hand—maakt op mij een beheerst opgewekte indruk. Dat wil zeggen, ik vermoed dat hij, als hem de kans geboden zou worden, zijn werk misschien wel zingend en dansend zou doen, zozeer lijkt hij eraan verknocht. Deze man, geen twijfel aan, werkt uitsluitend voor zijn genoegen. Maar natuurlijk houdt hij zich in, en houd *ik* hem in.

Hij benut, moet ik zeggen, de kleine speelruimte die zijn werkzaamheden hem bieden uitstekend. Ik laat hem het huis zien, hij laat zich het huis tonen. Allebei vervullen we onze rollen. Ik begeleid hem op zijn tocht, houd halt zodra dat aan de orde is, sta erbij, ga hem voor of volg hem, geef een doodenkele keer antwoord op een vraag, en vraag mezelf slechts nu en dan af wat hij ziet, deze makelaar.

Ach, ach, wat ziet het er allemaal onttakeld uit, hier.

Niet zomaar leeg, maar leeggehaald. Lampen die niet meer hangen. Stoelen die niet meer staan. Maar wel, overal, de loshangende draden, en de moeten, op de plaats van de stoel- en de tafelpoten, en de lichtere plekken op de muren, daar waar dingen hebben gehangen.

Maar de makelaar is niet geïnteresseerd in dit type ontbreken. Hij houdt het oog gericht op de mate waarin een nieuwe bewoner in deze ruimtes een nieuwe droom zal kunnen verwerkelijken. Hij ziet alleen mogelijkheden.

Af en toe blijft hij staan om kleine notities te maken. Waarbij hij halfluid voor zich uit spreekt, vermoedelijk uit wellevendheid tegenover mij. Om zelfs het idee van achtergedachten uit te bannen. Open kaart! Vandaar het gekozen volume: ergens tussen in-zichzelf-mompelen en tot-iemand-spreken in.

—Stoppenkast. Drie groepen.

Dat zou best eens heel weinig kunnen zijn, bedenk ik voor het eerst van mijn leven, drie groepen. Deze man ziet waarschijnlijk tot op het jaar nauwkeurig wanneer en overeenkomstig welke tijdgeest er welke voorzieningen zijn aangebracht. Dit kan natuurlijk ook geen ander huis zijn dan het is: een huis uit de tijd dat men zich tevreden stelde met drie groepen. Welnee, niet tevreden *stelde*, tevreden *was*; volmaakt tevreden. Zo begeleid ik de sobere teksten van de makelaar inwendig met zinloze bezorgdheid.

—Toilet met fonteintje.

Fontein*tje*? Bespeur ik zelfs hier nog een lichte geringschatting waartegen ik me innerlijk, of ik wil of niet, teweerstel? Hij zwijgt, en dat is maar beter ook, over de handgreep, evenals over het verhoogde toilet zelf, beide aangebracht in de weinig florissante najaren van mijn vaders bestaan.

—Eenvoudige keuken.

Inderdaad, een gecompliceerde keuken kun je dit met geen mogelijkheid noemen. Een klein raampje in de buitenmuur, boven het gasstel, zorgt ervoor dat de damp wegtrekken kan.

Toch begin ik geleidelijkaan verzoend te raken met de stijl van de makelaar, en zelfs enige bewondering te krijgen voor de volslagen rust en onnadrukkelijkheid waarmee hij zo'n neutraal adjectief als 'eenvoudig' weet te vinden, voor gebruik in verband met de keuken van wijlen mijn moeder. En wanneer hij, staande op het terrasje, zijn blik over de tuin laat gaan en zich laat ver-leiden tot een principiële generalisatie van instemmen-de aard—'Ja, de tuin is de grote charme van dit huis, hè, en de ligging: vóór breed, achter breed.'—, doen zijn woorden mij werkelijk goed. Waarna ik het ook beter te verdragen vind dat hij openlijk begint te spre-ken over zaken als het doorbreken en samenvoegen van keuken en woonkamer, en over een mogelijkheid tot het vergroten van de badkamer die hem, als bedenker ervan, kennelijk zeer veel genoegen verschaft.

Zo maken wij onze tocht door het huis. Hij opent deuren en sluit ze, hij stampt op houten vloeren, con-stateert oude bedrading, werpt blikken vanaf balkons en in dakgoten, prijst de staat van onderhoud, stelt vast dat er geen cv is, en vergeet niet zijn notities te maken.

—Ah, nog een toilet. Zonder fonteintje.

Het is allemaal niet tegen te spreken. En zo lang duurt

het trouwens niet eens, dit noterende aanwezig zijn van de makelaar. Op een gegeven moment, dat moeiteloos aanbreekt, is hij heus klaar. Ik geef hem een hand, en hij is al uit mijn leven verdwenen.

Vervolgens, als om de tocht die ik met de makelaar gemaakt heb nog eens te onderstrepen, fotografeer ik al die leegte—zonder goed te weten waarom dan wel.

Ik neem het halletje, en de gang, en de keuken, en de woonkamers, en de trap naar boven, de overloop, de slaapkamer, de badkamer, vaders studeerkamer, de trap naar de zolder, de zolder zelf, de kamer van mijn zus, de kamer van mijn broer en mij, het uitzicht vanuit de dakkapel.

En ik daal weer af, om vanuit de keuken naar buiten te lopen, de tuin in, de enige ruimte die niet is aangetast door onze opruimwoede. Het langjarig kunstwerk van mijn moeders hand. Haar tuin.

De tuin fotografeer ik niet.

Ik kijk naar het muurtje van de gestapelde rode bakstenen en naar het schuurtje en de jasmijn er vlak achter waarin lang geleden een aantal jaren achtereen een lijster is komen nestelen, en naar de clematis waaraan ik altijd even ruiken moest, tegen de schuur, heel lichtroze, de clematis die in de maand na het Roemeense auto-ongeluk kans had gezien om langs de houten balk tussen schuur en schutting—zo'n balk om kleden en matten overheen te hangen om ze te kunnen kloppen—, de clematis dus die kans had gezien om langs die balk over de bijna volle breedte van de tuin slingerend op weg te gaan naar de tuin van de buren, en deze te bereiken.

Ik herinner me hoe ik ernaar heb staan kijken, die ontsnapte clematis, nog voordat het vaststond dat mijn ouders hun Roemeense auto-ongeluk, hun Roemeense operaties en hun onvrijwillig verblijf in Roemeense ziekenhuizen—ze mochten het communistische land domweg niet uit—zouden overleven. Het was een eerste oefening geweest, voor ons kinderen, in de sterfelijkheid van ouders. Die clematis had iets dramatisch gehad: uitzinnig bloeiend, weken lang buiten bereik van mijn moeders ogen, opvattingen en scharen.

Over diezelfde balk hing 's zomers de markies, door mijn vader vanaf de achtermuur met de hand afgerold. Om het zondagse gezin na de ochtendkerkgang de schaduw te verschaffen waarin de koffie werd gedronken. Rotan tuinstoelen. Taartjes van Dunselman.

En hier, in deze tuin, heb ik als jongen mijn moeder bespied terwijl zij geknield, of op handen en voeten, in een zomerjurk bezig was onkruid weg te trekken uit het gras. Waarbij ik haar vaak hielp, niet zonder eigenbaat. Want ik wist mijn doelbewuste, snelle, door haar nooit zelfs maar vermoede blikken haar jurk in te werpen, langs haar kleine puntige borsten die zo grappig omlaag hingen, vlak boven alle gras en onkruid waar het haar om begonnen was, in de speling tussen haar zomerjurk, haar onderjurk, en haarzelf.

Ik wil niet nadenken over de tuin. Over hoe de volgende bewoners er raad mee zullen weten. En over hoe weinig tijd er maar voor nodig is om zich een tuin en een huis volkomen onherkenbaar toe te eigenen.

Waarom heb ik die foto's eigenlijk genomen? Om me in te scherpen dat het er nu zo leeg is? Klaar, na taxatie, voor verkoop en oplevering? Ik moet denken aan wat mijn broer me onlangs verteld heeft. Hoe hij een keer naar het huis was gelopen, helemaal vanaf zijn werk in het centrum, en naar binnen was gegaan, en er een tijd gebleven was '*zonder*' zoals hij vertelde—zelf nog steeds verbaasd—'*ook maar iets aan te raken*'. 'Bijna,' had hij gezegd, 'alsof ik er zelf ook niet was.'

Wie weet had ook ik nu iets dergelijks gedaan, en maakte ik mezelf duidelijk dat mijn herinneringen zich al niet meer op deze plaats bevonden. Dat zij nu, om zo te zeggen, hun tweede dood gestorven waren, of hun zoveelste, en dat ze al een nieuwe ring vormden rond het spinthout van hun kern—de meer dan half vergeten niet te vatten springlevende werkelijkheid van ooit en eens en toen en weet je nog, de werkelijkheid die je jezelf, steeds ongeloviger, zult moeten wijsmaken, het verleden dat je je op de mouw zult moeten spelden, je jeugd en kinderjaren die je voortaan, nu er niets anders meer opzit, maar moet zien te verzinnen, zo goed en zo kwaad als dat gaat. Je komt voort uit een verzinsel, steeds meer, en je bent op weg, steeds sneller, naar weer een ander verzinsel.

De laatste foto's had ik verschoten aan het beukehouten dressoir met de zwarte en witte schuifdeurtjes van dik plastic; zelfs het Leger des Heils had geen bestemming meer kunnen bedenken voor het perfecte maatwerk van timmerman Snets.

Misschien moest ik dat filmpje, dat volslagen nietszeggende filmpje van de lege vertrekken en de lege uitzichten, dat zich daar in het donker van het toestel be-

18

vond, opgerold in zijn cassette, maar liever zo laten als het nu was. Negatieven van een leeg huis, zeer dicht bijeen gebleven.

Mogelijk deed ik er zelfs het allerbeste aan, de camera met filmpje en al te begraven, in de tuin hier. Nu meteen. Bij voorbeeld aan de voet van de jasmijn. Ach, wat een onzin ook allemaal. Wel foto's maken, geen foto's maken, wel ontwikkelen, niet ontwikkelen. Het maakt allemaal niks uit. Het enige wat me hier nog te doen staat is de cactussen meenemen. Maar voorzichtig hoor.

Behoedzaam rijd ik terug. Met een smalle onwaarschijnlijk hoge cactus; met een vervaarlijk voornamelijk buiten zijn pot hangende cactus; en met een piepklein cactusje dat het in de breedte gezocht had, en aan alle kanten over zijn schaaltje heen omlaag groeide. Precair vervoer.

Elke bobbel in het wegdek voel ik.

Met een slakkegang zo langzaam voerde ik ze mee, de Vruchtenbuurt uit, de Laan van Meerdervoort af, de Wassenaarseweg op: de cactussen. Het verbaasde me niet dat een bestelwagen, al een poos achter me, ten slotte besloot de doorgetrokken witte streep naast ons te trotseren. Ik reed als een hoogbejaarde.

Het ouderlijk huis is verkocht. Langzaam zal nu de stad waar ik de tweede helft van mijn jeugd doorbracht in verval raken. De stad waar na de dood van mijn vader alleen mijn moeder nog gewoond had, in een huis dat sindsdien op zijn allergrootst was geworden.

Een huis, met een tuin erachter; aan een korte brede straat met rozenperken en goudenregens. Plus een paar routes. Het verbaast je dat het maar zo weinig is waaruit die stad voor jou bestaan heeft. Het komt je overdreven voor om dat weinige de naam Den Haag te laten dragen. Wat te veel is voor de paar plekken die de stad voor jou is geweest.

Routes, routines. Wonen, gewoontes.

Linksaf, de Mispelstraat uit, rechts de Tomatenstraat in, klein stukje maar, weer linksaf de Frambozenstraat in, straten die het hart niet sneller doen kloppen, vervolgens de Laan van Meerdervoort op, een hele tijd, met vriend Kees die jou opgehaald heeft. Was dat nog de koperen trekbel, toen, of al de bruine bakelieten met het gele knopje?

Lagere school, koper; gymnasium, bakeliet. Zo moet het ongeveer geweest zijn.

Boterhammen mee, in de leren schooltas, achter op de bagagedrager, waar ze flink geplet zullen worden onder de strakke snelbinders. Er zijn nog maar weinig stoplichten; één, om precies te zijn. Ons voor- en achterlicht doen het. Altijd. Wij steken onze hand uit als we links of rechts afslaan. We weten niet dat het verkeer in onze jeugd minder druk is—allicht weten we dat niet. Wie weet er nou hoe druk het verkeer is, in zijn jeugd.

Over de Laan van Meerdervoort dus. Waar sloegen we linksaf ook alweer, bij de Reinkenstraat? Om de Obrechtstraat te nemen, een stille parallelstraat van de Laan van Meerdervoort, wat het tweede stoplicht scheelde. Parallelstraat die ten slotte overging, plusminus, in de Sweelinckstraat waar het 's-Gravenhaagsch Christelijk Gymnasium was, twee met elkaar verbonden negentiende-eeuwse villa's op de hoek van de Groothertoginnelaan. Fietsen in de fietsenstalling van de school. Niet eens op slot? Vaag, de fiets waarop ik reed, het geluid van de dynamo, veel regen.

Je zou die route willen gaan, één keer maar, geeft niet welke, met de tas die je achterop had, de leren tas en de boeken en schriften die erin zaten, en de zenuwachtigheid, over een proefwerk. Je zou willen weten waarover je praatte of zweeg met je medefietser, klasgenoot en vriend. De details van de dag. De kleren die je aan hebt. Is het nog de tijd van de twee hemden 's winters—het witte katoenen en het wollen gebreide, het zogenaamde wolletje? En je sokken, waren die nog handgebreid allemaal, evenals je trui? Tot wanneer ongeveer placht moeder de gaten in de sokken—de zogenaamde knollen—te stoppen? Zaten er nog knopen aan je gulp, toen? Was er, in al je kleding, nog geen ritssluiting te bekennen? Lagere school, jaren vijftig: knopen. Middelbare school, eind jaren vijftig, begin jaren zestig: ritssluitingen. Dat kan wel kloppen, ja. Hadden je schoenen nog leren zolen die verzoold werden door schoenmaker Nielen? Zat er een ceintuur om je regenjas, die je altijd dichttrok? Had je Vredestein banden en Bibia snelbinders? Heb jij, op de lagere school, nog van die melkdoppen om je spaken gehad?—Ben je gek, dat was iets voor totaal andere jongens. De gedachte alleen al dat *ik* zulke melkdoppen om mijn spaken gehad zou kunnen hebben! Plastic zakjes met vier boterhammen, waarvan twee met speculaas. Ook wel van die papieren zakjes, van de slager, opnieuw gebruikt. Dronken we niets? Ik zou best een reünie willen beleggen, met klasgenoot Kees, om zulke dingen scherp te krijgen. Ik geloof niet dat we iets dronken. Schoolkantines: ze waren er nog niet. Er zat nog niets in karton. Geen melk en geen fris. Nienke Krijger had een literfles melk bij zich die ze achter elkaar opdronk. De balpen was streng verboden, maar de altijd lekkende en klodderende Bics zaten al samen met de voorgeschreven vulpennen in de etuis. Fietsen werden regelmatig schoongemaakt. Warm eten van de vorige dag verscheen de volgende dag op tafel als 'prakje': aardappels en groente (bloemkool bij voorbeeld) door elkaar geprakt, opgewarmd en met behulp van een klontje boter (dat wil zeggen margarine) ontdaan van droogte. Stukjes zeep die tot onhanteerbare omvang geslonken waren gingen in de klopper. Leraren schreven met stukjes krijt van soms nauwelijks een centimeter lengte. Pakken werden gekeerd. Broekspijpen met omslag werden, als de drager er eigenlijk uit was gegroeid—en als hij de jongste was—*uitgelegd*. Lang stond moeder op de strijkplank te persen om de vouw weg te krijgen, met beide handen op de bout, steunend van de krachtsinspanning. Helemaal lukken deed het nooit, dat gehate uitleggen. Je zag het volgens mij direct: die jongen (ik dus) draagt een uitgelegde broek.

—Jongen, heus. Je ziet er echt *niks* van. Waar dan?

Terlenka broeken droeg ik, terwijl de eerste spijkerbroeken hun entree al maakten, gedragen door modieuzer klasgenoten. Een compleet raadsel was het, waar ze die toch vandaan haalden; in de in- en inkeurige kledingmagazijnen waar mijn moeder en ik naar toe gingen zag ik die dingen nooit. Wanneer de boorden van de overhemden grondig versleten waren, werd er van midden-onder-achter uit het misschien wel speciaal daartoe asymmetrisch lange rugpand een strook weggehaald om er, als het overhemd 'verder' nog goed was, een nieuw boordje van te maken. Ware transplantaties waarbij de factor arbeid in het geheel niet geteld werd. De meeste overhemden waren wit. Niet-wit herenondergoed moest nog uitgevonden worden.

Toch was dit al niet meer de tijd van de grootste zuinigheid, in Den Haag. Die lag al achter ons en hoort thuis in Krommenie.

Krommenie: dat is voor mij voor altijd getekend door de restjeswollen trui. Geen oude foto of er staat wel zo'n trui op, met een van ons erin. Er kwam in principe namelijk geen einde, aan wol.

Dat gold al meteen voor de strengen die, net gekocht, door ieder van ons opgehouden moesten worden tot we er lamme armen van kregen, terwijl moeder er bollen van wond. Je moest met je gespreide armen een zekere spanning handhaven in de streng; zodanig dat de wollen draad, wanneer het moment daar was, met nauwelijks een klein extra rukje van de kant van de kluwende moeder, netaan langs de desbetreffende hand kon glijden; welke hand de daartoe vereiste medewerking moest verlenen door de opgestoken duim heel even te strijken, om zo te zeggen. Lette de wolophouder niet goed op, dan kon de streng in haar geheel van de arm getrokken worden (duim te lang gestreken), of werd de kluwende beweging bruut geblokkeerd (duim te kort gestreken). De kunst was het, kortom, om de streng met de juiste graad van ontspanning en oplettendheid te hanteren, kijkend naar de wegschietende draad.

De wol ging heen en weer; wonderlijk was dat: dat de trui die jij straks zou krijgen nu van jouw polsen wegschoot als draad op weg naar bol. En dat diezelfde draad, met heel kleine rukjes aan het op de grond liggende bolletje, op een onbegrijpelijk ingewikkelde manier door twee of drie alsmaar tikkende pennen gedwongen zou worden een voorpand, een achterpand, een linker- en een rechtermouw te worden.

Maar als de nieuwe trui oud was geworden, en op de ellebogen of aan de boorden doorgesleten, was weliswaar het einde van de trui gekomen, maar niet dat van de wol.

Restjeswol, zo heette—als ik me niet vergis—de wol van een uitgehaalde trui. Het was wol die als zodanig altijd herkenbaar bleef aan de windingen van het voormalige breiwerk: die typische kroezende spiralen, die je ook in de nieuwe creatie waarvoor de oude wol was gebruikt kon blijven zien. Wol heeft een sterk geheugen.

De restjeswollen truien die ik en mijn broers in Krommenie droegen waren volgens een heel eenvoudig patroon opgebouwd: laagje wit, laagje rood, laagje blauw, laagje geel, laagje zwart—in die trant. Naar ik meen zonder verdere structurerende principes daar weer binnen. Het waren geen Mondriaans, op truiengebied.

Nu, op veilige afstand, vind ik het ontroerende truien en betreur ik het dat de spaarzame foto's, de kiekjes met hun kartelranden—formaat visitekaartje—hieromtrent nooit meer uitsluitsel zullen kunnen geven, zwartwit immers. Maar ik meen werkelijk de kleuren van toen, de familie van de kleuren van toen, voor me te zien.

Ook die ene naar de normen van toen enorme foto is natuurlijk zwartwit. Ik bedoel die bijna vierkante, van mijn broer Jan. Een foto die zolang als ik me kan herinneren ergens hing, zowel in Den Haag als vroeger in Krommenie. Nooit op een in het oog springende plaats, maar op den duur toch stilaan genaderd tot de contreien van de eettafel. Om ten slotte—toen wij overgebleven kinderen allang het huis uit waren—zelfs te eindigen boven het dressoir, maar nog altijd zo dat niemand er het directe zicht op had, vanaf de eettafel. Tenzij, nog het meest, moeder zelf. Vaders positie, aan het hoofd, was de meest volledig afgewende. Ik weet niet of ik daar betekenis aan moet hechten. Maar ik neig ertoe. Net zoals een tafelschikking onnadrukkelijk de verhoudingen binnen een gezin weergeeft, kan de nooit becommentarieerde aanwezigheid van deze foto geen toeval zijn geweest op die plek.

De plek is meesterlijk gekozen.

Hij, mijn broer Jan, een van onze twee onbesproken doden, in zijn restjeswollen streepjestrui, kijkt namelijk, voor zover een foto kijken kan, van het ene smalle uiteinde uit op het andere—in de inham waarin het dressoir is ingebouwd. Hij kijkt naar binnen, met zijn fotorug naar het licht van de tuinkant als het ware, en hij kijkt *langs* de muur, niet de kamer in, maar erlangs. Hij presideert het theeblad, het ovale theeblad, met de theepot, het theelichtje, het theezeefje, vlak onder zich.

Ach mijn broer Jan, scheur in ons aller leven, met zijn lieve lachende gezicht, zijn korte blonde haar, zijn hand die op een sinaasappel rust. De knoopjessluiting op de linkerschouder. Op de linkerschouder, werkelijk? Verbaasd breng ik mijn handen naar die plek en kijk naar de stand van mijn zevenenveertigjarige vingers. Ja, nu herinner ik me het gebaar waarmee wij die drie, vier lastige knoopjes door hun lusjes wurmden— knoopsgaten kon je ze niet noemen. Hij zou nu negenenveertig zijn, zevenmaal de zeven jaren die hij geleefd heeft. Ik huil nog maar weer eens om hem, en om mezelf, en om ons allemaal, in onze streepjeswollen truien.

De anekdote is kort. Daarmee komt direct al een van de meer bedenkelijke eigenschappen naar voren van vroege persoonlijke herinneringen: de betrekkelijke onnozelheid van het brokstuk. Dat het eigenlijk nooit helemaal stellen kan zonder de hulp van de latere volwassene die, druk gebruik makend van zijn arsenaal aan taal en inzicht, een rookgordijn optrekt rond de essentiële schamelheid van de vroege herinnering.

Vroege herinneringen hebben wat dat aangaat wel iets van niet of nauwelijks ontcijferde schriften als het Lineair-A. Ze vormen een vrij kleine verzameling scherven, waarop vermoedelijk niet bijster veel interessants te lezen staat. Maar ze blijven de ontcijferaar biologeren, zolang ze hun vermeende boodschap niet prijsgeven.

Onoplosbaar is en blijft de kwestie van de status van de herinnering. Immers, het eigendomsrecht staat ook al niet vast. Gaat het in feite om een herinnering— maar vooral: een anekdote—van mijn moeder, of om een werkelijke vroege herinnering van mijzelf? Natuurlijk zweer ik bij de laatste mogelijkheid als enige waarheid.

Dat mijn moeder daar lichte twijfels over had begrijp ik tegenwoordig beter. Want onder mijn ogen zie ik het gebeuren: hoe mijn eigen kinderen bepaalde ouderlijke anekdotes geleidelijk aan hebben weten te transformeren tot persoonlijke herinneringen van de hoofdpersonen uit die anekdotes: hen zelf. Waarbij de onzichtbare verteller en waarnemer (de ouder) uit de anekdote verdwijnt om plaats te maken voor een usurpator: het verzelfstandigde kind dat zich het verleden in kwestie met plezier toeëigent.

Enfin, hier volgt dan eerst de vermoedelijke pseudo-herinnering—voor het persoonlijk meegemaakt hebben waarvan ik mijn hand dus graag in het vuur steek—, en vervolgens de anekdote van mijn moeder, waarbij ik ingelijst ben in haar waarneming. Het was het type liefdevolle anekdote dat aan derden verteld placht te worden; waar ik dan glimlachend als een Chinees bij moest zitten, denkend: hèhè, daar hebben we dat verhaal weer...

Daar gaan we. Mijn versie.

Ik sta in de opening van de voordeur. De melkboer kijkt mij aan met slijtersvriendelijkheid. Hij heeft de losse melk in de pan van mijn moeder gedaan. Eerst liet hij de melk uit het kraantje komen. In zijn maatbeker. Daarna leegde hij hem in onze pan. Drie keer. Nu haalt zij geld.

—Zo, jong. En, hoe heet jij dan?
    Ik kijk hem strak aan.
—Hendrik.

Mijn moeder, die terug is gekomen met haar portemonnee, betaalt de melkboer. Nadat ze de voordeur weer gesloten heeft, vraagt ze mij stomverbaasd waarom ik dat nou gezegd heb—*Hendrik*?

Ik moet haar geantwoord hebben, maar met welke woorden dat ben ik vergeten, dat de melkboer er niks mee te maken had hoe ik heette.

Mijn moeders versie. (Ik hoor haar praten.) 'Nou, ik even naar de keuken om te kijken wat ik nodig had,'— in haar versie was namelijk de tweede hoofdpersoon de kruidenier; die de boodschappen in zijn boekje kwam schrijven; boodschappen die hij later op de dag per transportfiets, met grote rieten mand voorop, kwam bezorgen in dit telefoon- en autoloze tijdperk—'kom ik terug en hoor ik Hm-hm-hm'—hier hoort de naam van de kruidenier die ik vergeten ben—'kom ik terug en hoor ik Hm-hm-hm vriendelijk aan Tjit vragen: "En—hoe heet jij?" Zegt die jongen: "Hendrik"... Ik stomverbaasd, dat begrijp je. Hè, denk ik? Afijn, als die man weg is, zeg ik: "Jongen, waarom zei jij nou toch *Hendrik*?!" "Daar heeft die man toch niks mee nodig," zegt ie verontwaardigd, "hoe ik heet." Malle jongen toch.'

Maar nu ik erover nadenk: nee... Ik geloof dat de versie van mijn moeder, veel sterker, zich afspeelde in de kruideniers*winkel* aan de Noorderhoofdstraat, waar ze mij mee naar toe had genomen... Verder alles hetzelfde, zelfde protagonisten, maar dan in een winkel die vol stond met klanten, als getuigen van het mirakel.

Waarbij ik zou willen aantekenen dat haar volstrekte loyaliteit mijn hart nog altijd verwarmt: geen interventie, niet eens een opgetrokken wenkbrauw, welnee, eerst de voordeur dicht—respectievelijk de volle winkel uit—, dan pas vragen stellen. En voorts dat mijn keuze van een naam, destijds, nog steeds mijn hartelijke instemming heeft. Immers, wie heette er nou Hendrik?! Niemand toch zeker! Dat was volkomen duidelijk. In de naam zelf, met zijn spreekwoordelijke braafheid, zat mijn honende weigering al verborgen.

Zoals ook de Cycloop, wanneer hij niet zo onbedaarlijk dom was geweest, nattigheid had moeten voelen toen Odysseus *Outis* zei, in antwoord op de vraag naar zijn naam. 'Niemand...'

Over het waarheidsgehalte van oudste herinneringen bestaat natuurlijk geen enkele zekerheid. Er is hooguit de schijnzekerheid van het verhaal dat ingang heeft gevonden. Maar juist het feit dat ik niet meer weet hoe de precieze formulering ook alweer was, van mijn antwoord op haar vraag, zou ik willen aanvoeren ter verdediging van mijn oprechte overtuiging dat het hier om een eigen herinnering gaat, en niet om een anekdote uit de voorraad van mijn moeder.

Eenzelfde onzekerheid geldt in iets maar niet heel veel mindere mate voor de herinnering als zodanig. Het geheugen, met al zijn onbewuste trucs, is als een kok die een maaltijd opdient: gewoon gemaakt van wat zoal voorhanden is. Maar het is nooit dezelfde maaltijd.

De herinnering zelf is de kunstenaar.

Het geheugen heeft veel gemeen met de levensbeschouwing. Of, nog een maat groter, de wereldbe-schouwing. Die is er, en die is er altijd. Die komt hoe dan ook tot stand, dat is het gekke. Misschien niet al te welomschreven, maar altijd rond. Een kind heeft al een wereldbeschouwing.

Nooit zal er—ook later in het leven—iemand zeg-gen: wacht eens even, ik heb nog niet genoeg materiaal voor een wereldbeschouwing, eigenlijk heb ik nog niet voldoende meegemaakt, en over dat beetje ben ik nog lang niet uitgedacht, eerlijk gezegd ben ik nog niet eens begonnen... Welnee, je doet het met wat je hebt. En omgekeerd, datgene wat je doen wil maakt uit wat je hebt.

Hoe dan ook—ik mag graag denken dat dit mijn oud-ste herinnering is.

—Wanneer ben ik jarig?

—In mei.

—In u?

—Nee, niet in mij, in de maand mei.

—Wat is een maand?

Ik was thuis. Voordat ik kon klokkijken, voordat ik kon tellen, voordat ik de namen van de maanden en de dagen wist, was ik thuis, altijd thuis, bij mijn moeder, die dingen deed in het huis. Nog niet naar school zoals mijn grote zus en mijn grote broer en de broer daar weer onder. Wij waren de enigen, mijn moeder en ik.

Waarom zou ik niet in haar jarig zijn, als zij dat toch zelf zei?

Ik wist niet wanneer ik jarig was, ik wist niet eens wat dat was, jarig zijn, maar ik wist dat je kon vragen: 'Wanneer ben ik jarig?' En dat mijn moeder dan even later iets tegen me zei, lachend, dat ik niet begreep.

Plotseling was er een dag waarop het niet langer voldoende werd geacht om een trui aan te trekken: nu werd het menens met de winter. Het aanmaken van de kachel was de uitsluitende taak van mijn vader. Hij was het die de winter inluidde door op de tegels achter het huis aanmaakhoutjes te gaan klieven met een vervaarlijke roestige bijl waarvan het blad, dat een beetje los zat, af en toe aangestampt moest worden. Ik keek. Wat was hij sterk, mijn vader, en handig met de bijl. En hoe bekwaam bouwde hij het vuur op, dat de hele winter niet meer uit zou gaan, onderin de kranteproppen en de aanmaakhoutjes, daarover een scheut spiritus, kleine kooltjes erbovenop: het brandde al, en de eerste kolenkit stond al gevuld vlak naast de kachelplaat.

Weken daarvoor was er een open vrachtwagen voor het huis gestopt waaruit mannen gesprongen kwamen, gehuld in zwarte pilopakken, met leren schouderstukken op de plek waar ze een zak kolen plaatsten in een handige beweging waar ik maar geen genoeg van kon krijgen: de ene hand aan de linker onderpunt van de jutezak, de andere, kruiselings of diagonaal, aan de rechter bovenpunt. Zwart waren die mannen, zwart hun gezichten en handen terwijl zij over de gang liepen, het huis door, van de hal naar de keuken, de tuin in, waar ze de zakken leegden in de schuur. De vrachtwagen werd leger, het stapeltje opgevouwen jutezakken hoger. De ogen in zo'n kolenmannengezicht konden verbijsterend blauw zijn. Is het mogelijk? Dat er van zoveel jaar geleden nu nog een knipoog arriveert van een kolenman die geld in ontvangst neemt van mijn moeder, bij de voordeur, geld dat hij in een portefeuille steekt, waarna mijn moeder opgelucht de kranten begint op te vouwen waarmee zij hal, gang en keuken geplaveid heeft tegen het fijne gruis dat tijdens het gesjouw overal neerdaalt en dat nu tijdens een algehele mobilisatie van stofzuiger, bezem en dweil spoorloos, daaraan twijfel ik niet, zal verdwijnen.

Zij zal het zijn die het vuur onderhouden zal, mijn moeder.

Mijn vader, als eerste opgestaan, zal het oprakelen, 's morgens vroeg, met zo'n snelle beweging rechts opzij van de haard, waar een schuif zit die je heen en weer moet halen en waardoor as en sintels omlaag vallen door het rooster, de asla in, zodat het vuur zal opvlammen. Het geluid van de schuif is door het hele huis te horen.

Mijn moeder zal de asla legen als hij vol is. Maar alvorens de asla te legen—dat weet ik van elke dag, want ik zit ernaast, 's morgens, als de anderen het huis uit zijn, mijn vader naar zijn werk, mijn zus en mijn broers naar school, maar ik blijf in haar nabijheid en ik zie wat zij doet—, alvorens de asla te legen zal zij erin gaan scheppen met een lepel. Iedere ochtend opnieuw neemt zij plaats voor de uitgetrokken asla, die ze op een uitgevouwen krant heeft gezet. Zij zit, zijdelings, op de grond, leunend op haar gestrekte linkerarm. Ze heeft een schort aan. Heel fijn is de massa as in de la. Hij is halfvol. Wat voor kleur heeft as? Grijs. Maar niet zomaar grijs. In dat grijs zitten kleuren. Er zit geel in, en blauw, en bruin. Als je heel goed kijkt tenminste, een heel klein beetje geel, blauw, en bruin. De as is dun en fijn als meel, maar misschien nog lichter. Je zou zachtjes moeten blazen om dat te weten te komen. Ik durf het niet te proberen. Mijn moeder heeft een aluminium lepel in de hand waarmee zij voorzichtig in de as zoekt. Naar kooltjes die door het rooster zijn gevallen. Kooltjes niet groter dan de nagel van haar pink. Of mijn duim. Kooltjes die weer boven in de kit belanden.

—Daar, nog een.
—Nee, dat is een sintel.
—Wat is een sintel?
—Die kan niet branden.

Nadat zij er misschien tien, twintig van die kooltjes uit heeft gehaald, houdt ze ermee op. Ze zou, voel ik, nog wel door willen gaan, want wanneer is zo'n asla nou werkelijk geheel en al doorzocht, maar ze geeft zich gewonnen aan het idee dat sommige kooltjes te klein zijn—al te klein voor haar en haar lepel. Met de asla loopt ze de kamer uit, om hem te gaan legen in de vuilnisbak van zink, buiten.

Krommenie. Weverstraat 68. Vlak bij ons huis liep de Zwaanstraat in het niets uit. Daar lag 'het landje', een onbestemde zandvlakte waar we bakstenen torens bouwden van wel anderhalve meter hoog, die loeiden als ovens nadat we de fik hadden gestoken in al het aangesleepte hout en papier. De vlammen sloegen eruit— we werden er bang van.

Soms groeven we kuilen, grondwaterdiep, die we overdekten met twijgjes, krantenpapier en een dun laagje zand. Waarna we weggingen, en onze valkuilen vergaten.

Op het zo mogelijk nog onbestemdere, hier en daar begroeide sintelveld naast Autsema's huis ging ik na of een oranjeharige rups brandbaar was. Boven het plaveisel van de Zwaanstraat gooiden we kikkers hoog in de lucht. Vlak naast de trottoirband trok Ria Autsema op mijn verzoek haar pikzwarte onderbroek omlaag om me hurkend te demonstreren hoe zij plaste. Tegen betaling van vijf cent heb ik paardepoep gegeten. De schillenboer beschikte over paard en wagen.

Achter ons huis begon het platteland, bij het veld van Klaas Booij, waar we slootje sprongen, vliegerden, in hooibergen kropen, en op onze rug tussen de pinksterbloemen lagen. Ik gooide een kat in een sloot om te zien of hij zwemmen kon. Tenminste, dat was ik van plan. Maar het lukte me niet. Ik zag er mijn eerste en tevens laatste ringslang. Ria Autsema mocht van haar moeder niet meer met mij spelen nadat ze over het plassen verteld had.

Ik zat in de klas bij haar vader, Autse Autsema. Volgens mijn moeder was hij gek. Ten eerste besproeide hij 's zomers het sintelveld naast zijn huis (dat niet eens van hem was en waar hoegenaamd niets groeide). Ten tweede spoot hij ons nat als we daarbij te dicht in de buurt kwamen. Ten derde las hij de krant op de fiets naar school. Ten vierde had hij, als enige in het dorp of zelfs in heel Nederland, gebruik gemaakt van een mogelijkheid, na de oorlog geboden aan verzetsstrijders die over het hoofd waren gezien bij het verlenen van onderscheidingen, om er zelf een aan te vragen. Nooit zagen we hem zonder zijn paars-oranje lintje op de revers. Ten vijfde was daar zijn eigenaardige gewoonte om, als zijn kunstgebit dat hij tijdens de les graag rechtop liet balanceren tussen zijn kaken weer eens uit zijn mond gevallen was, dit te laten oprapen door de dichtstbij gezeten leerling. Griezelig was dat: zijn vochtige, glanzende gebit op de kurkdroge stoffige houten vloer. Weigeren durfden we niet.

Halverwege de derde klas lagere school verhuisden we naar Den Haag. Op het schoolplein werd me gevraagd:
—Waar kom je vandaan?
—Krommenie.
—Haha, Krommeknie.

Die jongen zou mijn vriend niet worden. Wie de jongen was ben ik vergeten, zijn waarschijnlijk niet eens ongoedmoedige uithaal naar de provinciaal die ik me nog nooit gevoeld had niet.

Ik mag nou wel denken dat ik net zo praat als de anderen, maar ik moet het bij het verkeerde eind hebben. Ik krijg een beurt bij het hardoplezen. Voorlezen, zonder fouten, zonder ook maar een keer te haperen, dat kan ik toevallig als de beste. De meester onderbreekt me plotseling.
—Zeg eens maar.
—Maar.
—Nee, je zegt moor. Zeg eens maar.

Maar dat heb ik toch net gezegd! Waar heeft hij het over? Verbouwereerd herhaal ik het gevraagde woord terwijl ik naar de meester kijk. Die man hoort iets wat ik zelf niet hoor.

Het bloed is me naar het hoofd gestegen. Tot op dit moment heb ik nooit geweten dat ik een accent had. Dat mijn moeder uit Zaandam komt—jawel, dat is duidelijk te horen zodra zij in gezelschap is van mijn opa en oma of van mijn tante. Het zangerige van de Zaanstreek. Maar mijn Friese vader spreekt accentloos Nederlands. Net als ik.

Ik leer bij, ik leer af. Zo is het in Den Haag niet langer geoorloofd om 'een zootje' te zeggen—een zootje jongens, of een zootje postzegels. Zootje, dat mag voortaan alleen als het om vis gaat.

Dit zijn de dingen die de meester me afleert, op zijn rustige besliste manier: dit is goed, dat fout, zo hoort het.

Ik merk dat er woorden zijn die niemand hier kent. Fluteren, bij voorbeeld. Dat is wat jongens doen met een flink stuk karton—de zijkant of het deksel van een doos—dat ze met een snelle polsbeweging cirkelend door de lucht laten zweven.

En kiskossen, wat wil zeggen: een kleine platte steen tussen duim en wijsvinger nemen (middelvinger eronder), en hem vlak boven het water laten scheren, zodanig dat hij zoveel mogelijk sprongen maakt, eerst grote trage; snelle kleine tot slot.

Die woorden kennen ze niet. Dus kun je niet zeggen: 'Meeste stemmen gelden. Zullen we fluteren?' Of: 'Wie gaat er mee kiskossen?'

Later was ik blij, toen er in het Frans een vergelijkbaar woord bleek te zijn, *ricocher*, ook al kon het niet in de schaduw staan van het veel preciezere kiskossen, waarin het kletsende geluid zoveel beter doorklonk.

Ik lag hopeloos achter, op de nieuwe school in Den

Haag. Ik begreep niets van de sommen die ze daar maakten, en ik had blokschrift geleerd, onverbonden blokschrift. Terwijl zij allemaal schuinschreven.

Na schooltijd bracht meester Stemfoort mij de kunst van het verbonden blokschrift bij (of mocht het resultaat al schuinschrift heten?). Een vriendelijke man, met groot geduld, waarvoor ik hem aan het eind van zijn inspanningen namens mijn ouders twee pakjes Golden Fiction moest overhandigen.

Toen het schooljaar afgelopen was nam ik net als de anderen keurig afscheid van de onderwijzer, die zich daartoe vlak bij de deur van het lokaal had opgesteld. De een na de ander schoven we langs hem heen, gaven hem de voorgeschreven hand, en spraken mechanisch de bijgebrachte formule uit: 'Dank voor 't genoten onderwijs', om vervolgens met een enkele stap de grote vakantie te bereiken, die op de gang al begonnen was.

Als je goed kijkt kun je aan mijn handschrift zien dat het geen blokschrift meer is, maar ook nog geen schuinschrift. Het is onverbonden schuinschrift, om zo te zeggen. Wat je noemt een lopend schrift, dat is nooit tot stand gekomen. Hoogstens twee, drie letters schrijf ik aaneen. Mijn hand beweegt vanuit een stilliggende pols, die zich geloof ik weigert los te maken van het papier. In elk geval moet ik hem steeds verleggen. Ik heb er zelfs geen idee van hoe anderen het klaarspelen om die prachtige gelijkmatige beweging te maken. Om toch een beetje snelheid te kunnen maken verkleinde ik mijn handschrift, later, op de middelbare school. Maar op de keper beschouwd behelpt mijn hand zich nog steeds met kleine snelle sprongen, niet helemaal ongelijk de beweging van het kiskossende steentje.

Op het schoolplein, onder de hoge kastanjes, speelden we in het speelkwartier met kaarten die we zelf gemaakt hadden. Van op straat gevonden of van huis meegenomen lege kartonnen sigarettendoosjes. Chief Whip ('op ieders lip'), Miss Blanche, Captain Grant, Player's, Gold Flake, Golden Fiction—ik zie de kleuren en de afbeeldingen voor me, ook van merken waarvan ik de naam bijna, bijna weer weet.

Je was blij wanneer je een doosje van een zeldzaam merk gevonden had. Want dat versterkte jouw positie in het spel. Ik herinner me hoe ik dagen lang bukkend naar school ging, doosjes oprapend die met een snelle beweging geopend werden om het zilverpapier eruit te halen, vaak zoals bij Gold Flake uit twee aparte compartimenten bestaand voor tweemaal tien stuks sigaretten. Vervolgens moesten de kartonnen kleppen boven en onder eraf gescheurd worden, evenals de smalle zijkanten. De aldus verkregen voor- en achterkant, daar was het om begonnen. Die werden keurig doormidden gescheurd, of zelfs doormidden geknipt, en leverden per verpakking dus vier smalle speelkaarten op.

Ik herinner me het welgestelde gevoel in de linkerhand, van zo'n dikke stapel kaartjes tussen duim en vingers. Een stapel die razendsnel kon verdwijnen zodra het spel eenmaal op gang was. Twee jongens—in mijn herinnering komen er geen meisjes aan te pas—, in kleermakerszit tegenover elkaar, leggen kaart op kaart op kaart; snel groeit het stapeltje tussen hen in, en de spanning. Steeds minder kaarten houden ze in handen. Zwijgend graait de winnaar de buit naar zich toe, en vervolgen de spelers hun spel. Er wordt geen woord gezegd, ook niet als een van beide spelers al zijn kaarten verloren heeft.

Het spel is even simpel als spannend. Er is maar één regel. De helften zoeken elkaar, en als ze elkaar gevonden hebben begint het opnieuw. Dat wil zeggen, degene die de bijpassende helft oplegt, is eigenaar geworden van de onderliggende stapel. Verlies is erg, maar nooit definitief. Immers, het zal altijd mogelijk zijn om een nieuwe voorraad bij elkaar te scheuren, op straat. Ik geloof dat we er elastiekjes omheen deden als we weer naar binnen gingen, na het speelkwartier.

Geen spel voor de winter, natuurlijk. Alles duidt op zomer en goed weer.

Ik herinner me het gevoel van verbijstering toen ik op de een of andere zonovergoten dag—voorgeschiedenis komt er niet aan te pas: wie er begon, ik weet het niet—de kaartjes zomaar door de lucht zag vliegen, plotseling. De een na de ander, ook ik, gooit zijn tot vandaag gekoesterde bezit zomaar de lucht in, en als manna komt het omlaag, maar als manna dat niemand wil hebben, het sneeuwt kartonnen speelkaartjes op het schoolplein. In wolken, in zwermen komen ze traag omlaag gewiekt en gewenteld. Alsof er plotseling iets verschrikkelijks is gebeurd. Alsof de kaartenplaag is uitgebroken. Alsof wie deze kaartjes nu nog langer vasthoudt besmet zal worden met een dodelijke ziekte. Dus weg—vlug! Weg ermee! Voordat het te laat is!

Met het oog op de plechtigheid had moeder met mij een plusfourpak gekocht. Het was mijn eerste pak: broek en jasje van dezelfde stof. Met een zorgvuldig uitgezocht bijpassend overhemd. Plus een, door haar gestrikte, *das*! Een, zoals mijn moeder gezegd had, heel artistieke das. Zij was uitzonderlijk tevreden over onze aankoop.

Ik zal er mak bij hebben gestaan, terwijl de kwaliteit van de stof, de pasvorm, de kleur als evenzovele fronten mijn moeders waakzaamheid mobiliseerden. Haar gesprekspartner was veeleer de verkoper, die met argwanende vragen bestookt en zo nodig tegengesproken of weerlegd werd, dan haar zoon die tijdens de hele ceremonie min of meer heen en weer werd getrokken tussen moeder en verkoper. Rukjes aan rugpanden, mouwen en schoudervullingen fungeerden als argumenten. Door beiden werd voorbijgezien aan wie er in het pak verscholen zat: degene die slechts tot taak had de kwaliteiten van het pak te demonstreren.

Moeilijk is het om de revolutionaire nieuwheid destijds van elk van die kledingstukken afzonderlijk ook maar bij benadering aan te geven. Allereerst was het al een zeldzaamheid dat er voor mij, de jongste, iets nieuws werd gekocht. Mijn lot was het, veel af te dragen dat door mijn broer geïnaugureerd en al half opgesleten was.

In de tweede plaats werden er op de lagere school in het geheel geen lange broeken gedragen, 's zomers noch 's winters. De eerste lange broek was niets minder dan een evenement dat een nieuwe fase markeerde: de middelbare school. Mijn plusfour, die in dit verband zonder meer als lange broek beschouwd diende te worden, was dus een ongehoorde stap voorwaarts. Ik was in mijn plusfourpak zoveel als een verschijning uit mijn eigen toekomst.

Geen jongen van mijn leeftijd droeg ooit een colbertjasje. Om precies te zijn: noch een niet-bijpassend colbertjasje, noch een wel-bijpassend. Want een pak of een kostuum, dat werd niet alleen op de lagere school niet gedragen, zelfs op de middelbare school kwam het maar nauwelijks voor. Een pak, dat was strikt genomen een reuzensprong—al over de middelbare school heen naar de universiteit. Ik geloof dat er inderdaad maar liefst twaalf jaar zaten, in mijn geval, tussen dit eerste pak en het daaropvolgende.

Het woord werd door mijn moeder en vooral mijn zus op zijn Engels uitgesproken: plus*foor*. Een andere uitspraak scheen er niet te zijn.

Geheel in overeenstemming met die meervoudige uitzonderlijkheid zou het zijn wanneer mijn indruk juist was dat het dan ook om een uniek exemplaar ging.

Zorgvuldig onderzoek van de in aanmerking komende modetijdschriften en andere vakliteratuur zou het kunnen uitwijzen: dat de *plusfour*—gesteld dat het kledingstuk niet al meteen als doodgeboren kind ter wereld kwam—in het midden van de vijftiger jaren al nagenoeg uitgestorven was in de winkels en het straatbeeld, op de scholen en in de huiskamers, in het jaar en het seizoen dat mijn moeder en ik er blijkbaar nog een wisten te bemachtigen. En dan niet zomaar een plusfour, nee, een plusfour*pak*, een specialiteit nog zeldzamer dan een motor met zijspan. Ik heb er in mijn hele leven vanaf toen nooit meer een vertegenwoordiger van meegemaakt, noch in de mondelinge overlevering, noch in de fotografie, noch in de literatuur.

Diep in mijn hart weet ik het wel zeker: dat mijn moeder en ik, zo niet de enigen, dan toch de laatsten zullen zijn geweest die in Europa zo'n krankzinnig pak op de kop hebben weten te tikken.

Wij reisden af naar een grootse gebeurtenis: de promotie van mijn vader tot Doctor in de Letteren en Wijsbegeerte. Het was een evenement waarin het wemelde van nieuwe woorden. Waarvan een aantal mij al heel goed was uitgelegd, door mijn vader zelf.

Het verval van het Cultuurstelsel. Hij had wel verklaard wat dat betekende, maar al te veel had ik er niet van begrepen. Dat hoefde ook niet. Maar het ging over Indië, koloniale politiek. Cultuur, dat was het verbouwen van bij voorbeeld rietsuiker. Ik had een exemplaar gekregen van het boek.

Hij had er zelfs een laten sturen aan president Soekarno van Indonesië! Dit had mij verbluft.

In een zaal van het Minerva Paviljoen, later afgebrand, een tijd ruïne geweest, daarna gesloopt, verzamelde zich de grote schare van vaders achterban: het gezin, de omvangrijke Friese familie, de Zaanse, vrienden en buren uit Krommenie, nieuwe Haagse kennissen en collega's van de twee scholen waar hij les gaf, zelfs complete schoolklassen die vrij hadden gekregen.

Ik denk dat de grote meerderheid van de aanwezigen net zo min als ik ooit een promotie had bijgewoond, en zich in volkomen gelovigheid overleverde aan de gebeurtenissen en hun goede afloop.

Hij ging zijn proefschrift verdedigen, wist ik al, tegen allerlei aanvallen, te beginnen met een zogenaamde bevriende, doorgestoken kaart zeg maar. Daarna zou het menens worden. Maar die doctorstitel zou hij hoe dan ook krijgen.

Zwetend, in mijn plusfourpak, keek ik rond. Het was een beetje zoals in de kerk. De zaal zat al vol. Nu was het wachten alleen nog op al die professoren. Net als in de kerk rook het naar eau-de-cologne en pepermunt en zag je niets dan zondagse kleren.

Er kwam een man binnen in een zwartfluwelen tot de grond reikend gewaad. Een belangrijk man, dat was duidelijk: hij droeg een staf van zilver. Achter hem aan kwamen nog veel meer van zulke mannen, maar dan zonder staf. Zij schreden langs ons heen en gingen voorin zitten, in een soort van ouderlingenbank. Ze namen hun zwartfluwelen hoofddeksels af. De man met de zilveren staf verdween tot mijn verbazing weer.

Iemand sprak een heel kort gebed uit.

Nu pakten ze allemaal het boek dat mijn vader geschreven had. Ze hadden er allemaal een. Het stond al voor ze klaar. Maar hadden ze het dan niet gelezen? Daar kwam de eerste aanval, de bevriende, maar hoe ik me ook inspande, begrijpen deed ik er niets van. Daarna de andere aanvallen, de niet-bevriende.

'Hooggeleerde opponens,' hoorde ik mijn vader steeds beleefd zeggen. Het ging heel beleefd, allemaal. Ik keek even opzij naar mijn moeder met haar nieuwe hoed. Ik voelde hoe mijn wollen kousen zich met hun krachtige elastiek vlak onder de afhangende poffende 'pijpen' vastbeten in mijn zwetende kuiten.

Die man met die grote grijze baard, zou dat nou die professor Gonggrijp zijn over wie ik zo veel had horen praten? Of was het Gerretson? Daar had hij het toch wel flink mee aan de stok, nu. Dat was een echte vijandelijke aanval, dat kon je wel zien.

Als je goed keek zaten er overal in het grijsgroene tweed van mijn plusfourpak piepkleine brutale wollen spikkels van helder rood en hemels blauw. Ook mijn vader droeg niet zijn gewone kleren. Ik zag zijn voorhoofd glimmen, hij had het warm in zijn rok. Nog zo'n woord. Proefschrift, dissertatie, promotie, stelling, verdediging, rok, baret, toga, pedel, het wemelde hier van de vreemde woorden en dingen. Ik bewonderde hem, dat hij te midden van al het vreemde zo goed de weg wist, en in zijn ongemakkelijke kleren de ene aanval na de andere wist af te slaan, en op een gegeven moment ging die deur rechts achterin weer open en kwam de indrukwekkende man weer binnen, die met de zilveren staf.

Luid riep hij het een of ander. Wat ik nogal lomp van hem vond. Want mijn vader was net midden in een zin. Die hij nu afbrak. Op hetzelfde moment hief tante Tiets schuin voor mij gejuich aan, en begon te applaudisseren. *Hoera*, hoorde ik haar roepen. Plotseling hield zij daar weer mee op terwijl de hoogleraren oprezen van hun zitplaatsen en achter de man met de staf aan de zaal weer verlieten. Men fluisterde. Ik zweette. Moeder vertelde dat ze zich nu 'aan het beraden' waren. Best, dat zou dan wel.

Lang duurde dat niet, even later kwam die hele stoet de zaal in, er werd weer van alles gezegd. Terwijl een fotograaf foto's maakte, werd er een opgerold vel papier aan mijn vader overhandigd, nu was hij Doctor in de Letteren en Wijsbegeerte. De eerste doctor in twee families! In de jaren die volgden werd het voor mij de gewoonste zaak van de wereld dat op enveloppen bestemd voor mijn vader de indrukwekkende woorden 'de weledelzeergeleerde heer' stonden.

Het was—daar ben ik van overtuigd—niet kleinerend bedoeld. Het was met een soort van neutrale vriendelijkheid gezegd, zij het niet door een van mijn vrienden.

Misschien zit daar wel de simpele crux van het voorval: dat het gezegd was door dezelfde jongen die terloops, niet lang na de verhuizing, een lullige opmerking had gemaakt over mijn uiterlijk, op de speelplaats van de nieuwe school.

—*Centenbak.*

Zo had hij mij genoemd, met gedempte stem, terwijl de klas in vier rechte rijen klaarstond om weer naar binnen te gaan. En zoals dat gaat: het verband waarin iets gebeurde, dat ben je vergeten, maar niet het gewoonlijk uiterst terloopse dat uit zal kristalliseren tot kern.

Ach ja, *nu* weet ik wel zo ongeveer waar die opmerking op sloeg. Ik hoef maar een blik te werpen op die foto van mijn moeder in het ronde lijstje, en ik zie het. Die soms iets vooruit gestoken onderkaak, waardoor de onderlip een soort van eenzame stulping verkrijgt, daar zal die centenbak dan wel iets mee te maken hebben gehad, want wij lijken op elkaar, mijn moeder en ik.

Maar wat hem nou precies die vergelijking had inge-
geven, en of zij zijn eigen verdienste was geweest of alleen een cliché van de straat, dat wist ik niet. Intussen
had dat mij zacht toegevoegde 'centenbak' direct een
verschrikkelijk effect gehad. Want op de een of andere
manier had ik er niet het flauwste benul van waar het
op sloeg maar tegelijk twijfelde ik er niet aan dat het
raak was.

Hij had mij te pakken. Maar waar?

En iets dergelijks was hem met zijn rustige en van
klaarblijkelijke kennis van het object getuigende opmerking over mijn nieuwe fiets zojuist weer opnieuw
gelukt.

—*Hij is gemoffeld, hè?*

Hoewel ik er dus zeker van was dat het niet kleinerend
bedoeld was, toch stond ik van de ene seconde op de
andere naar een wezenlijk veranderde fiets te kijken—
een fiets die zijn nieuwe bezitter plotseling een beetje
uit stond te lachen, in een haastig bondgenootschap
met die ellendige Bokkie.

Ja, zo voelde ik dat: hij wist iets van die fiets, dat
door die fiets ook zonder meer beaamd werd, terwijl ik
er compleet buiten stond. Ik zweeg. En zo stond Bokkie dus naar mij te kijken terwijl ik, verblind door
schaamte, schaapachtig naar mijn fiets keek, de ene
hand aan het stuur, de andere op het zadel. Ik stond ernaast. Het was mijn nieuwe fiets, zoveel was zeker.

Dat was ook—terecht—de inleidende observatie geweest, voorafgegaan aan die opmerking over het ge-

moffelde van mijn fiets: 'Hé, je hebt een nieuwe fiets, hè.' Nou en of, en ik liet mijn oog er met gepaste trots op rusten, zelf ook eventjes beschouwer geworden van de eigen nieuwe fiets. Misschien leunde ik zelfs iets achterover, om het karretje nog wat gunstiger uit te laten komen door de zelfstandigheid ervan zoveel mogelijk te vergroten.

Ik had hem voor mijn verjaardag gekregen.

Ik wist niet, in de verste verte niet, wat dat was, een gemoffelde fiets. Het bloed steeg me naar het hoofd. Moffelen, dat kon niks gunstigs inhouden, dat stond nu wel vast. En hoewel ik begreep dat hier geen sprake kon zijn van een beschuldiging, zoals ik heel kort gemeend had—dat mijn fiets op de een of andere manier onrechtmatig verkregen zou zijn—, wierp die opmerking van mijn klasgenoot dank zij het door hem gebruikte geheimzinnige werkwoord voorgoed een smet op mijn fiets.

Was ik *zelf* misschien al teleurgesteld geweest zonder ook maar iets te laten merken? Ik weet het niet meer. Heb ik werkelijk gedacht dat ik een volkomen nieuwe, nog nooit door iemand bereden fiets zou krijgen? Van tevoren, heel misschien. Maar mijn ouders zullen toch niet zo stom zijn geweest om die mogelijkheid, nadat ze mijn hoop ongetwijfeld bemerkt hadden, onweersproken voort te laten bestaan bij de aanstaande jarige? Nee dus. Het waarschijnlijkst is, dat 'nieuw' voor mij destijds niet anders betekend kan hebben dan 'tweedehands maar keurig'.

Een volkomen nieuwe fiets—een fonkelende!—nee, dat kan ik eenvoudig niet gedacht hebben; ook voor nieuwe kleren, in de zin van niet vermaakt of al eens gedragen geweest, gold in die tijd een heel behoedzaam aanschafbeleid.

Kleren werden versteld en nog eens versteld. Ook fietsen werden zorgvuldig onderhouden. Wij moesten, wanneer we met een fiets uit de regen thuiskwamen, zelfs even vlug het frame en de velgen afnemen met een doekje. Het is maar een van de vele ongelooflijk geworden bezigheden uit die tijd. Misschien is het ook alleen maar een probeersel geweest, een fraai en al spoedig niet meer nageleefd voorschrift.

Maar een busje chroomverf was heus in gebruik. Vaak genoeg ging dat open om plekjes op het stuur of de stang van de trappers even bij te werken met een klein kwastje.

Wij fietsten allemaal, en onze fietsen moesten in het schuurtje.

Het is al niet meer te begrijpen hoe—met wat voor weergaloze routineuze precisie—het gezin erin slaagde, niet minder dan vijf fietsen in dat schuurtje kwijt te raken, waarmee het er zo mudvol was dat het een dagelijks wonder was, door niemand opgemerkt, dat toch keer op keer de laatste opberger en eerste eruithaler slaagden in hun onmogelijke opzet.

Aangezien het schuurtje achter het huis lag en niet van buitenom bereikbaar was, had de vrouw des huizes van haar kinderen en haar man—met het nodige smeken—gedaan weten te krijgen dat de fietsen vanaf de voordeur tot de achterdeur gedragen werden.

Daartoe plaatste de drager de linkerhand midden op het stuur en de rechter boven aan de stang onder het zadel, en wrong zich vervolgens in een eigenaardige zijdelingse beweging met veel kleine dwarsstappen door het halletje, met een flauw bochtje naar links langs de trap, de gang door, de keuken in (met weer een flauw bochtje, nu naar rechts), tot de achterdeur, die aanvankelijk toen het systeem nog voor de volle honderd procent werkte al open werd gehouden door de daar aanwezige echtgenote, moeder en huisvrouw. Dit kon natuurlijk niet zo blijven.

Alleen al het voetenvegen—met de fiets reeds in zwevende positie, het achterwiel nog buiten, het voorwiel al binnen—was een kunst, maar wat daar nog op moest volgen—de kreeftegang met de fiets tegen de borst, ruggelings langs de muur, met bovendien het strikte verbod om de verf waar dan ook te beschadigen—, dat was een heksentoer.

Bij geen van mijn vrienden gold een dergelijk regime. Ik weet wel zeker dat ons getil in kleine kring een zekere zwijgzame bekendheid moet hebben gehad. In een versoepelde fase mochten de fietsen weldra heel even neergezet worden, in de keuken, om de deur zelf te kunnen openen. En op een uitzonderlijk droge zonnige dag zal ik het veilige gezelschap van een nieuwe vriend wel benut hebben om mijn fiets druk pratend naar binnen te rijden, onder het in stilte uitgedaagde oog van mijn moeder door, die vanaf de trap waarlangs zij zojuist afgedaald kwam begreep dat zij terrein aan het verliezen was.

Ik zag het altijd onmiddellijk nadat ik de deur van mijn kamer achter me gesloten had. Zij was er weer eens geweest, met die verdomde stofdoek van haar. Kijk nou eens wat een puinhoop ze ervan gemaakt had!

Het was een regelmatig terugkerende, wekelijkse of tweewekelijkse woede die me vervulde als mijn moeder weer eens huis had gehouden op de zolderkamer waar ik sliep, mijn huiswerk maakte, en mijn somberheden op peil hield.

Mijn trotse boekenbezit, mijn rijtjes pockets, ze waren door haar bezeten stofdoek uit hun gelid geraakt en vertoonden nu een soort van treurige rafelige rooilijn daar waar ze met militaire scherpte ruggetje aan ruggetje opgesteld waren geweest: millimeterwerk.

Van Tom van D.—een roodharige jongen, mijn vriend geworden hoewel hij met een ruk bij mij vandaan geschoven was, de eerste dag toen ik, kersvers gearriveerd uit Krommenie, naast hem in de bank was gezet op de nieuwe Haagse lagere school—had ik geleerd hoe zorgvuldig men met pockets diende om te gaan. Met doorschijnend plastic plakband konden de hoeken en de ruggen prachtig beschermd worden. Er kwamen driehoekjes op de vier hoeken, trapeziumpjes onder en boven op de kwetsbare ruggen!

Wij waren er meesters in, allebei, om pockets te lezen onder bijna volledige zelfwegcijfering. Namelijk door de hoek tussen de linker en de rechter boekhelft nooit groter te maken dan een een graad of dertig, vijfendertig. We hielden het pocketboek dus in de vorm van een V tussen beide handen. Een rechte hoek achtten we al gevaarlijk voor het ruggetje. *Het mocht namelijk onder geen beding geknakt worden!*

Wij slaagden erin, zelfs dubbeldikke pocketboeken te lezen zonder dat je op de rug of elders kon zien dat we dat gedaan hadden. Wij waren de illusionisten van het maagdelijke boek. En we deelden dezelfde hartstocht. Achteloos spraken wij over het Solutréen, het Magdalénien, het Aurignacien. Over de Magna Mater en de Venus van Müllendorf. Over de Halstatt-cultuur, het halssnoer van Exloo, de man van Tollund.

De prehistorie, dat was het gebied waar onze belangstellingen elkaar overlapten: zijn geologie en paleontologie, mijn archeologie en geschiedenis.

Woedend zette ik mijn geliefde pockets weer terug in hun gelid: de trilogie van de geweldige doctor Herbert Kühn—*Het ontwaken der mensheid, De opgang der mensheid, Het herfsttij der mensheid*, en alle overige door mij zonder ophouden verslonden speleologische, prehistorische, historische meesterwerken uit de Prismareeks, of een andere. *Wat aarde bewaarde. De ontcijfering van het Lineair-B. Opgravingen in bijbelse grond. Opgegraven verleden. Op het spoor van de Aapmens.* Er waren ook enkele gebonden boeken bij, zoals Ceram's meeslepende *Goden, graven en geleerden*, voor Sinterklaas gekregen, dat mij definitief had doen besluiten archeoloog te worden. Prisma's een gulden vijfentwintig. Zwarte Beertjes een gulden vijftig. Ooievaar Pockets een gulden vijfenzeventig. Phoenix Pockets twee gulden vijfennegentig.

Maar de grootste van deze was de Prismareeks, met zijn één vijfentwintig de gouden standaard der pockets, de valuta der valuta's, *de* prijs van *het* boek.

Nieuw dan. Tweedehands: vijfenzeventig cent. Bij verkoop van particulier aan tweedehandsboekhandelaar: vijfentwintig cent. Welke gemakkelijk te onthouden prijsverhoudingen—vijf staat tot drie staat tot een—me tegelijk de allereerste beginselen van het antiquariaat bijbrachten.

De Juniorboeken, vijfennegentig cent, jongensboeken met het formaat van een halve pocket, ze stonden er nog wel naast, maar ze waren al op de terugweg: *De schat in de Himalaya*, *Het spookschip*, *De gouden ring...*

Voorgeschreven was een effen groene korte gymbroek. Dit frappeerde me. Boeken, natuurlijk. Tekenmateriaal, jawel. Maar een gymbroek. Dat de middelbare school het hoogst eigen karakter zelfs tot en met de klassikale aanblik *in de gymnastiekzaal* wenste voort te zetten! En dat er iets als een schoolkleur bleek te bestaan.

Hoe ik aan mijn exemplaar gekomen was, god mocht het weten. Tweedehands? Al van mijn vier jaar oudere broer geweest? Allebei? Het was een lusteloos raadsel.

In beide gevallen sloeg de monsterlijke omvang van de broek nergens op. Hij was op minstens drie manieren te groot. In de lengte (hoogte zou eigenlijk het betere woord zijn); in de taille; en per afzonderlijke pijp.

Als ik hem hoog optrok, zodat de pijpen op een min of meer aanvaardbare plek eindigden, kwam de bovenkant van de broek tot vlak onder mijn tepels. Wat de taille-omvang van mijn broek betrof, die deed sterk denken aan de ziekelijke kolossaliteit van mijn ongelukkige klasgenoot Desi K. Wat voor ziekte hij nu eigenlijk had, dat ie zo dik was, dat wisten wij niet goed, maar het gehele middendeel van zijn lichaam, buik tot en met billen, was van zo'n afwijkende omvang dat er van een gewoon 'hebben'—in zijn geval—van een lichaam absoluut geen sprake kon zijn. Zijn lichaam had hem. Hij stak er aan weerskanten uit, boven en onder; hij zag eruit als een dobber.

Zijn auberginekleurige zelfgebreide trui verbreedde zich naar zijn middel toe opzienbarend, net zoals, van onderaf, zijn donkerblauwe wollen broekspijpen dat deden. Deze twee kledingstukken droeg hij altijd; ze leken zijn gehele garderobe te vormen.

Desi K. was vrijgesteld van deelname aan de gymnastieklessen. Zoals hij, eveneens als enige, niet verplicht was om zodra de pauze begon lokaal en school te verlaten, weer of geen weer, en naar buiten te gaan.

Hem nu, deze Desi, zou mijn gymbroek goed gepast hebben. En achteraf lijkt de vraag bijna hoe ik aan de speciaal voor hem op maat gemaakte broek moet zijn gekomen.

Maar ik had er iets op bedacht. Na enkele bescheiden experimenten meende ik over een eenvoudige methode te beschikken om de meest groteske aspecten van de gymbroek wat te verdoezelen. Zij, de methode, bestond hieruit dat ik een padvindersbroekriem omdeed, direct om mijn middel wel te verstaan, *onder* de gymbroek die ik vervolgens kunstig naar binnen omsloeg. Op die manier wist ik wel tien, twintig centimeter valse lengte op een onopvallende manier weg te werken. Uiteraard was het niet mogelijk deze geheime voorbereiding in het halfopenbaar van de kleedkamer te treffen; ik trok de gymbroek thuis dus al aan, onder mijn gewone broek.

Maar het zat mij en mijn vinding niet mee.

Wat voor oefening het nu eigenlijk geweest is die mijn medeleerling Jos van de V. rechtigde om de handen om mijn heupen te slaan, ik weet het niet meer. Ik geloof dat iedereen de handen om de heupen van zijn voorganger moest slaan. Ik verstijfde.

Tactvol hield Jos van de V. zijn mond tijdens het dubbele gymnastiekuur. Pas in de kleedkamer bracht hij zijn fluisterende mond dicht bij mijn oor om discreet te zeggen: 'Ik wist niet dat jij een korset moest dragen.' Ik wierp een vage blik op hem, in volkomen verwarring, terwijl ik een allereerste begin maakte met nee schudden.

Maar hij zag me alleen vol begrip aan. 'Sommige jongens moeten zo'n ding dragen van de dokter,' zei hij aanmoedigend. Van hem hoefde ik geen lullige opmerkingen te verwachten, dat was duidelijk. Maar hij zou er best iets meer van willen weten, in ruil. Goddank was de kleedkamer al bijna leeg.

Nou, vooruit dan maar. Een korset, waarom niet. Beter een min of meer normale gymbroek met eronder een korset dan mijn eigenaardige voorziening uit te moeten gaan leggen.

Gerard en ik beoefenen het snelwandelen. Sweelinckstraat, Banstraat, rechtsaf de Laan van Meerdervoort op,
zien hoe ver we vandaag weten te komen. Het record is
zo en zo veel huizen voorbij de Fahrenheitstraat.

Waar wij, na een blik op onze horloges en het door
een van ons bevolen 'Nu!' rechtsomkeert maken om
met dezelfde bedwongen draf terug te marcheren naar
de school en daar op het nippertje de dreigende con-
ciërge Van Gelder die al met zijn hand aan de deur staat
te passeren.

We mogen ons graag voorstellen dat er daar in de
buurt van de Fahrenheitstraat een dametje in een erker
zit, dat toevallig net opkijkt van het breien als wij aan
komen benen, rond onze as draaien en op topsnelheid
weer over het trottoir verdwijnen, de andere kant op.
Maar wij doen het niet voor de denkbeeldige dame
over wie we het wel eens hebben, we doen het voor
onszelf.

Het kan zijn dat het achteruitwandelen iets meer ten
doel had om althans onze medeleerlingen een beetje te
epateren. Iets meer, maar niet veel. Het hoorde, net als
het snelwandelen, gewoon bij de proefnemingen die

we verrichtten. Kleinschrijven, ook zo'n activiteit. Men neme een woord en schrijve het zo klein maar zo vaak mogelijk op een vodje papier. Na afloop telle men en tone de tegenstander het bewijsstuk.

Ik heb de neiging te denken dat het afschaffen van God, tijdens zo'n pauze, thuishoort in deze reeks proefnemingen. God verwierp ik tijdens een pauze, in de derde klas van het 's-Gravenhaagsch Christelijk Gymnasium, in het gezelschap van Gerard.

Ik herinner me de ontspannenheid waarmee ik formeel afscheid nam van het idee waarmee ik groot was gebracht. Hoe graag zou ik die middelbare scholier zelf hier bij me hebben, om hem vragen te stellen. Zoals: heb ik daarvoor dan wel geloofd, en zo ja, waarin? Of ben ik alleen maar in opleiding geweest voor de gelovige die ik niet ben geworden?

Wie geloofsbelijdenis doet, geloofde die voor die tijd dan niet? Het geloof is een wilsdaad. Al die tijd heeft men zich voorbereid op een soort van première, en was men zijn eigen souffleur. Daar liep ik over de Groothertoginnelaan, we waren al bijna weer terug bij de school, en voortaan zou ik niet meer geloven. Het meest frapperende was de rustige ongeschoktheid waarmee ik een hendel leek te hebben overgehaald en het besluit had genomen tot een afwezigheid; ik had God afgeschaft.

Aan mijn daad was een openbare plaats te pas gekomen, de Groothertoginnelaan, en een getuige, mijn vriend Gerard. God, Gerard, Groothertoginnelaan—dit was denkelijk zoals het moest gaan: op zo'n verwisselbaar moment, de pauze tussen het derde (10.10u.-

11.00u.) en het vierde (11.30u.-12.20u.) schooluur, klaarlichte dag, *en passant*, tussen de ene hap brood en de andere. Gerard kocht altijd een Mars bij de bakker die zich met zijn bakfiets voor de ingang van de school posteerde, een Mars en twee harde broodjes. Hij was de enige die geen papieren of plastic zak met boterhammen bij zich had.

Daar dus, tijdens het gaan, het zetten van misschien drie, vier voetstappen, op een plek die ik (bij benadering) nog aan zou kunnen wijzen, deelde ik mijn ongeloof mee zonder dat er verder nog enige discussie aan te pas kwam. Dit was voortaan zo. Vanaf nu zou er een ongelovige op school en in de kerk en op catechisatie zitten.

Een bange ongelovige, dat wel; die er nog jaren over zou doen, vele beschaamde jaren, om zich af te melden bij degenen die hem hadden willen opvoeden tot gelovige. Halverwege de middelbare school, beschenen door de zon van mijn intellect—die nooit meer zo fel heeft geschenen als toen—, was ik dan wel godloochenaar geworden, in een minimale zij het voorlopig voldoende openbaarheid, maar mijn ouders had ik vooralsnog niet op de hoogte gebracht.

Dus ging ik 's zondags mee, zoals ik van jongs af mee was gegaan. Op het tafelkleed lagen per persoon drie dubbeltjes klaar en twee protestantse pepermunten, soms ook twee helften van een grote King, doormidden gebroken door de enige die dat kon bij ons: mijn vader.

Men trok jassen aan, handschoenen, zette een hoed op en trok daarna in breed front over de trottoirs door de doodstille straten van de buitenwijk naar de Petra-kerk. Nieuwbouw die door geen mens, gelovig of ongelovig, mooi werd gevonden, preekstoel en banken van blank hout, blauw plafond, betonnen balkonnetje naast het orgel—waar zich bij bijzondere gelegenheden een trompettist opstelde.

Het werd de gewoonte dat ik niet met mijn ouders mee, maar samen met een vriend naar de kerk ging. Ik haalde hem op, we bleven rondhangen bij de ingang, en smeerden hem vlak voor de dienst begon naar de duinen, om tegen de tijd dat de kerk uitging weer in de buurt van het ingangsportaal te staan. Wij hadden dan zogenaamd boven gezeten, op de galerij.

Dat was nog tot daaraan toe; dat duurde de middelbare school uit, en bezorgde ons een tijd lang enig ongemak, een lichte opschrikbaarheid, tot op den duur duidelijk werd dat ons, of wij de koffie nu in het ene dan wel in het andere ouderlijk huis dronken, niets gevraagd zou worden, maar dan ook niets. Als we er maar bij geweest waren: daar ging het blijkbaar om.

Ik deed eindexamen en ging studeren.

De weekeinden kwam ik thuis, aanvankelijk alle, vergezeld van een weekendtas vol stinkende kleren, die ik bij vertrek naar Amsterdam weer van mijn moeder terugkreeg, gewassen en gestreken. De vriend had ik niet meer, en opnieuw ging ik mee. De dubbeltjes waren kwartjes geworden en de kleine Kingpepermunten grote, maar voor de rest was er niets veranderd. In een volstrekt stilzwijgen liepen we naar de kerk.

Waar ik niet meezong.

Van mijn ouders heeft mijn moeder het 't langst volgehouden haar psalmboek aan mij voor te houden als er gezongen werd. Of zij dat deed uit gêne tegenover degenen die naast en achter ons zaten, betrekkelijke vreemden, heb ik nooit doorgrond. In geen geval zal zij het gedaan hebben vanuit een overtuiging dat ik op een of andere zondag mijn verharde positie op zou geven en plotseling weer meezingen. Misschien was het haar eenvoudig onmogelijk om de gedachte kwijt te raken dat zij, vlak achter mijn nukkig masker, mijn ware gezicht wist.

Ik was overgevoelig voor ook maar de geringste nadering van zulke zich aanbiedende boekjes. Ik zag het allereerste begin van de beweging waarmee een boekje—hetzij bijbeltje, hetzij psalmen en gezangen, hetzij alles ineen—hulpvaardig naar mij op weg ging. Misschien wel des te hulpvaardiger naarmate ik er nu juist meer uitzag als iemand die nergens van wou weten. Maar toegegeven: ik bevond me natuurlijk wel degelijk in de kerk, tenslotte was ik niet gevankelijk mee naar binnen gevoerd, en de vraag: 'Ja maar, wat doet u hier dan, als u niet eens mee wilt zingen, en zelfs niet mee wilt lezen?'—die alleszins redelijke vraag zou me in grote verwarring hebben gebracht: zij veronderstelde immers, op grond van mijn fysieke volwassenheid, een geestelijke zelfstandigheid waaraan het me nog volkomen ontbrak.

Niemand kan, in een kerk, zo'n aangeboden boekje ooit sneller en krachtiger hebben afgewezen dan ik, op het gewelddadige af waarschijnlijk, met zo'n geladen verbetenheid dat de hand in kwestie, van de zich broeder of zuster in het geloof wanende buurman of buurvrouw, zich vaak geschrokken of zelfs gekwetst terugtrok.

Zo zat ik daar, als tussen twee muren, en sloot de ogen zodra de preek begon. Ik slaagde er—hoewel klaarwakker—in, geen enkel woord op te vangen van de vermaledijde rethor daar voor in de kerk. Al mijn energie wendde ik aan, vraag niet hoe, om die taal, die verzen, die citaten, die parafrasen en die eigen woorden te vermorzelen, inwendig, tot iets als een volslagen innerlijke stilte waarin alle leven voor enige tijd was opgeschort.

Allicht, talloze malen heb ik me voorgenomen een eind te maken aan deze beschamende vorm van aanwezigheid. Het gesprek met de vader; de brief aan de vader. Ter introductie van de kwestie. Niet gevoerd; niet geschreven.

Op een dag, vanzelfsprekend een zondag, gebeurde het ten slotte dat de al in jaren gevorderde hoofdpersoon van deze geschiedenis zomaar toesloeg. Zijn vader verzorgde met zijn auto een bejaardentransport—hij 'reed bejaarden', zoals dat heette; de gedachte was: het meer mobiele gemeentelid brengt het minder mobiele naar de kerk—, zijn vader was dus al weg, zijn moeder had haar zwarte bontjas al aan en was bezig haar tweede handschoen aan te trekken toen hij tot zijn eigen verrassing 'Ik ga niet meer mee' zei, waarop zijn moeder, alsof het scenario voor deze gebeurtenis al jaren klaarlag, begon te huilen; huilend de trap opging; en zich huilend, in bontjas, op het echtelijk bed legde. De zoon begaf zich intussen naar zijn voormalige jongenskamer, keek uit het dakraam, en voelde zijn lafheid en zijn opluchting. Het gesnik van de moeder duurde

voort tot haar man terugkwam van het bejaarden rijden.

Daarna moet zij naar beneden gegaan zijn en koffie
gezet hebben, als gewoonlijk. Wat zij, zijn ouders, tegen elkaar gezegd hebben, het is hem onbekend. Over
de scheiding der wegen werd niet meer gesproken. Er
werd koffie gedronken. Uit niets bleek met zoveel
woorden dat er zojuist iets voorgevallen was; dat er,
weliswaar jaren te laat, een streep was gezet onder het
restant van een opvoeding. Streep? Eigenlijk leek het er
meer op dat een allang vergane schutting het eindelijk
begeven had.

Ik heb nooit beter geweten of mensen hadden naast hun min of meer officiële geschreven en gezegde namen nog andere, thuis gebruikte. Die kreeg je en die gaf je. Zo was dat bij ons, en pas later ben ik het vreemd gaan vinden dat niet iedereen dat deed.

In die thuisnamen komt een heel scherp grensgevoel tot uitdrukking: hier werd immers gemarkeerd wie er wel en wie er niet bij het gezin hoorde. Want het was absoluut niet de bedoeling dat anderen zich eveneens van onze extra namen gingen bedienen.

Wanneer mijn vrouw, half tegen mijn zin, mij bij de naam noemde waarvan het gebruik exclusief was voorbehouden aan mijn moeder had ik haar dat liefst verboden. Uit haar mond wilde ik hem niet horen, ik vond dat ze er zelf een moest verzinnen.

Als ik me niet vergis, is mijn vrouw sinds de dood van mijn moeder opgehouden de bewuste naam te gebruiken. Alsof ze het voordien eigenlijk ook al half met me eens was geweest. Nu zij hem allebei niet meer gebruiken, mijn koosnaam, is hij de wereld uit.

Niet dat ik daar rouwig om ben. Ik was er niet zo dol op om bij die naam genoemd te worden; al gebeurde het nog maar zelden. Maar zij had nu eenmaal histori-sche rechten, mijn moeder; waarin ik berustte. Een scherpe datering van opkomst, gebruik en geleidelijk tanen van de naam zou ik niet kunnen geven. Ik weet wel zeker dat hij een aantal jaren buiten gebruik moet zijn geweest. (Tijdens het grimmige decennium van mijn nooit eindigende studies, en misschien ook de drie onaangename jaren van mijn gezelschap daar weer aan voorafgaand.) De zachtheid en vriendelijkheid, over en weer, van voor de baardgroei—dat is denkelijk de laatste onproblematische periode geweest.

Mijn koosnaam was Koos.

Althans, dat was de laatste telg van een reeksje koosna-men dat ooit begonnen moet zijn als een soort van vrolijke slinger achter mijn voornaam. Van Tjit werd *Tjitteko* gemaakt, en uit het aanvankelijke suffix *ko* ont-wikkelden zich onder andere Koseboos, Kootje, Koos en Ko. Waarbij de laatste twee, respectievelijk in ge-bruik bij mijn moeder en mijn vader—die dus allebei over een unieke aanspreekvorm konden beschikken—, me ook lang na de eigenlijke kindertijd bleven verge-zellen. Tot de dood van hun gebruikers, om precies te zijn. Ook al werden ze spaarzaam gebruikt, afgeschaft waren ze nooit.

Vermoedelijk staan die namen globaal voor een soort van momentopnamen die uitgegroeid zijn tot perio-den. Tjitteko heeft in de wieg gelegen en in de box ge-zeten, Koseboos zal wel gekropen en gebrabbeld heb-ben, Kootje is de kleuter en de lagere scholier, en in Koos en Ko hebben de moeder en de vader wellicht de beginnende gymnasiast gefixeerd, waarbij moeder—zo lijkt het me nu—al half naar het verleden gekeerd staat, en vader het oog al op de toekomst gericht houdt. *De grote jongen*, wat ook de titel was van een of ander paedagogisch boek dat hij in de kast had staan, dat was een echt begrip voor hem: een al bijna aanstaande werkelijkheid. *Ko*, dat was alvast de naam van die grote jongen.

Ik weet niet of zo'n dubbele variant ook bestaan heeft in het geval van mijn broer en zus, die als kind respectievelijk Pim en Poed geheten hebben. Waarmee het geheimzinnige onderwerp van de initiale P in zicht gekomen is. Alle thuisnamen (op de mijne na) begonnen namelijk met een P—ook die van mijn moeder en vader onderling.

Mijn moeders thuisnaam is rechtstreeks afgeleid van haar eerste voornaam, Petronella. Alle andere mensen noemden haar Nel; mijn vader Piet.

Piet: zo noemde hij haar. Piet en niet anders dan Piet. Ik geloof niet dat wij kinderen dat destijds zelfs maar komisch vonden. Maar een voorwerp van lichte ongerustheid, in het bijzijn van derden, is de naam altijd geweest. Vooral buitenshuis. En vanaf de leeftijd dat wij onze ouders van enige afstand begonnen te zien.

Nu was *Piet*, op zichzelf genomen, misschien nog tot daaraan toe. Maar in combinatie met mijn vaders bijnaam werd de situatie zo goed als onhoudbaar. Het was vreselijk om aan te moeten horen hoe moeder, zelfs ten overstaan van gasten die voor het eerst van hun leven bij ons waren, volkomen gedachteloos en kennelijk— het was niet te geloven—onwetend doorging met mijn vader zo te noemen als zij hem noemde.

Nog altijd durf ik het onderwerp nauwelijks aan te roeren, loyaal onderdeel als ik zo lang geweest ben van het verbond met de oogkleppen dat het gezin is.

Alleen in de uitsparing, gevormd door de hardnekkige discretie van al onze omstanders, heeft de door en door absurde vaderlijke bijnaam tot in lengte van jaren ongestoord kunnen blijven bestaan.

Jawel, dit is het terrein der discretie. Discretie in dubbele zin, en in schitterend tweerichtingsverkeer. Vrienden van mij, en onder hen een die ik al ken vanaf de derde klas lagere school, langjarige vrienden dus die tientallen jaren lang getuigen geweest zijn van de krankzinnige intrafamiliale naam, *zijn erin geslaagd er nooit maar dan ook nooit aan te refereren, het ondoorgrondelijk mysterie van die naam, met geen half woord, met niet eens een blik van verstandhouding.*

Onze omgeving moet in haar geheel bestaan hebben uit een waar kordon van gentlemen en -women, die eerst dachten: ik zal het wel verkeerd verstaan hebben, want het is niet mogelijk dat een echtgenote haar man zo noemt, en vervolgens: ik zal voortaan maar blijven doen alsof dit de normaalste zaak van de wereld is.

Daar zit dan bij voorbeeld een of andere Amerikaanse hoogleraar die heus heel redelijk Nederlands spreekt, een historicus die vanavond kennis komt maken, omdat mijn vader nu eenmaal een specialist is in koloniale geschiedenis. Met zijn vrouw zit hij daar rustig ontvangen te worden, men converseert, moeder heeft al die onzin van zilveren koffiekannetjes en dergelijke te voorschijn gehaald, en rare presenteerblaadjes met bonbons, zij doet bij zo'n gelegenheid een klein beetje sjieker dan normaal, ze zegt bij voorbeeld: 'Gebruikt u suiker en melk?', wat ik anders nooit hoor, en een uurtje later zegt ze plotseling en tot mijn volstrekte verbijstering doodrustig, zonder even later te gaan blozen, zich voor het hoofd te slaan, of zelfs maar met haar ogen te knipperen:

—Piel...

—Piehiel!

—Piel, wil jij de wijn even...

Dit of dat, de wijn of iets anders, het is weer gebeurd. De ontvangen of ontvangende personen, familieleden, logés, echtparen, buren, collega's, ouderlingen, dominees, aannemers, hoveniers, oudleerlingen, reisgenoten, hoteliers, gidsen, chauffeurs, schilders—allemaal zijn ze er, hoewel onzichtbaar en onhoorbaar naar adem happend, zo'n kleine vijftig jaar lang keer op keer in geslaagd om dit volmaakt onschuldig echtpaar, deze Adam en Eva, deze niet ouder wordende mensenkinderen met bevreemde discretie tegemoet te treden, zodanig dat bevreemdheid noch discretie doorschemerden. Zou het, deze onvermurwbare discretie van gasten en omstanders in aanmerking genomen, eigenlijk enig verschil hebben gemaakt, zo vraagt men zich als zoon af, wanneer mijn moeder mijn vader met *Lul* aan had gesproken?

Ik geef toe dat het een louter hypothetisch vraagstuk is. Want aannemen dat dit onkiese woord überhaupt uit haar mond had kunnen komen, is me al niet goed mogelijk. Daartoe immers zou het zich eerst in haar geest hebben moeten bevinden, en tot haar geest—daarvan ben ik overtuigd—kan zij het nooit toegang hebben verleend.

72

En zelfs dan. Want wie kan weten hoe een woord zich met list of geweld naar binnen heeft weten te wurmen? Maar zelfs al zou het woord erin geslaagd zijn zich in haar geest te nestelen, dan nog kan het nooit uit mijn moeders mond gekomen zijn.

Maar ik geef toe dat het verstand geen vat krijgt op het raadsel van de echtelijke naam.

Onbevattelijk blijft het: dat dat woordje van maar vier letters, van alle plekken in het heelal waar onze taal werd begrepen en gesproken, uitsluitend in deze ene huiskamer van ons, in deze keuken en deze tuin, op de trap, de overloop, de slaapkamer, het balkonnetje, de studeerkamer en de zolder, ja zelfs op de beide toiletten en in de badkamer, ondubbelzinnig kon verwijzen naar mijn vader, en wel naar alles aan hem, zijn nette pak, zijn bril, zijn schoongemaakte nagels, zijn lieve gekamde haren, zijn geschoren wangen, zijn goed gestreken overhemd, zijn das en dasspeld, zijn visitekaartje en zijn portefeuille, het schoolkrijtje dat vaak in zijn jasje zat, zijn alpinopet en zijn trouwring, kortom alles behalve nu juist zijn geslacht.

Ach, het geslacht mijns vaders. Ach, het idioom mijner moeder. Ach, zijn bizarre bijnaam, die vanaf zijn prille volwassenheid geklonken moet hebben, hem gegeven door ik weet niet wie van zijn oudere zusters, een van mijn tantes Ritz, Tiets, Bé, May. Zijn zusters, die over hem, nakomertje, moederden.

Zijn moeder was op een paar maanden na vijftig bij zijn geboorte.

Zijn varende vader, nog weer een stuk ouder dan zijn moeder, stierf terwijl zijn jongste zoon nog op de lagere school zat. De jongste van een stuk of veertien kinderen—het is allemaal duizelingwekkende voorgeschiedenis, ons als zodanig nooit breedvoerig uit de doeken gedaan, meer naderhand geconcludeerde geschiedenis van kleine luiden.

De bijnaam heeft twee fasen gekend: de zusterlijke, vanaf—schat ik—plusminus 1930; en de echtelijke, van circa 1935 tot 1983.

Wat ik niet goed meer weet, is hoe de geheimzinnige grenzen van het toegestane gebruik nu eigenlijk gelopen hebben. Ik geloof dat ook zijn zusters het mochten zeggen, zij het misschien niet allemaal; en verder natuurlijk zijn vrouw. Ik herinner me dat zijn langst levende zuster, de mij zeer dierbare Ritz, de naam levenslang is blijven gebruiken, zowel in de rechtstreekse aanspraak als—in gesprek met mijn moeder—verwijzend. Zij kon de bijnaam buitengewoon licht en aristocratisch uitspreken, tante Ritz.

Maar de koude kant van de familie, om maar te zwijgen van de vrienden en de kennissen, bleef er natuurlijk van af. Hier liep de grens. Ik staar in het verleden, en zie de rode hoofden van mijn oom Tjit en mijn oom Rein, lang geleden. (Allebei hoge bloeddruk.) Ik zie ze op diverse plaatsen zitten, de een in de voorkamer met sigaar en glas, de ander in de achterkamer en op de tegels buiten, met een verboden taartje (hij had ook nog 'suiker', de arme Rein)—nee, geen sprake van dat zij *Piel* zouden kunnen zeggen, in dit inderhaast ingerichte laboratorium van de herinnering.

Op verjaardagen, de dames met een glaasje advocaat waarop een pluimpje slagroom, de heren met wijn, bier of jenever, mijn vader met fris, kon je ze allemaal rustig door elkaar heen gebruikt horen, de namen en de aan-spreekvormen: Piet en Piel, Nel en Riemer, moeder en vader, tante en oom.

Zo zat dat dus allemaal. Maar wat betekende *Piel* nou eigenlijk, volgens de slechts aan weinigen bekende overlevering? Welnu. Piel was afgeleid van Puh-hielo-sooph.

Zo had hij er namelijk uitgezien, met zijn brilletje. Kijk, op deze foto. Dat brilletje. En toen had tante Ritz (of een andere zus), met die foto in de hand, gezegd: *Hij lijkt wel een philosooph!*

Pijnlijk zijn ze altijd, voor de buitenstaander, zulke ex-plicaties. Familiehumor. Ooit leuk geweest, schijnt het, toen versteend. Hoort men niet tot de familie, dan staat men erbuiten en betreurt het niet. Even heeft men geïnteresseerd gekeken en geleken, en daar neemt het gesprek alweer een andere loop.

Mij werd de bijnaam uitgelegd, door mijn moeder, toen er voor mij nog geen geslacht bestond. In Krom-menie. Zelfs het woord 'piel' kende ik niet, wij hadden geen woorden voor ons geslacht, wij hadden *de facto* en for all practical purposes nog geen geslacht. Later zou-den we het hooguit nog tot iets als een *jeweetwel* kun-nen brengen.

Maar wat ik me nu plotseling voor het eerst, en met snel toenemende ontzetting, afvraag is dit. Kan die al te vroegtijdige verklaring van de bijnaam—waarin immers dat geheimzinnige Latijnse of Griekse woord figureer-de, met die wonderlijke *p-h*'s aan het begin en aan het eind, een woord waarvan de betekenis me ook na uit-leg een raadsel bleef—er later toe geleid hebben dat ik achtereenvolgens klassieke talen en filosofie ben gaan studeren? En dan niet om daarmee zoals ik altijd gedacht had een superieure positie te verwerven ter bestrijding van het primitief geachte geloof der vaderen, welnee, helemaal niet daarom. Veel simpeler! Om zelf ook zo'n Piel te worden, dus. Later. Zo'n knappe bol met een brilletje.

Dat deze dingen gevoelig lagen, bij mijn vader, dat was me gaandeweg wel duidelijk geworden. Hoe oud zal ik zijn geweest toen de volgende korte scène plaatsgreep, in de huiskamer? Dertien, veertien? Vijftien al?

Mijn vader, die een detective heeft zitten lezen, een deeltje uit de pocketreeks Zwarte Beertjes, één gulden vijftig, staat plotseling op uit zijn stoel en beent naar de kolenhaard. Hij verkeert in opperste opwinding en uiterste razernij. Hij scheurt de pocket doormidden, althans dat probeert hij. Hij heeft heel sterke handen, maar het lukt hem niet, hij opent de klep van de kolenkachel—ondanks mijn kreten en smeekbeden. Die slechts betrekking hebben op de kleine handelswaarde van het boekje in het tweedehandsverkeer.

—Laat mij dat boekje nou toch gewoon verkopen!

Maar nee: woedend gooit hij de pocket in de rustig brandende kachel, onder het uiten, nog altijd, van banvloeken en aantijgingen van zedeloosheid, of liever 'smerigheid', 'vuiligheid', die hij geen ogenblik langer in zijn huis wil hebben.

Vanwaar, deze plotse kleine boekverbranding? Vanwaar die hevigheid? Buiten zinnen van woede was hij, zo had ik hem nog nooit gezien, met schuim op de mondhoeken. Daar verdwijnt het in de oranje vlammen, OSS 117 *in Las Vegas*, door Jean Bruce. Zjan Bruus dan wel Djien Broes. Dat wist ik niet eens. Ik had het boekje gelezen, en mij was niets bijzonders opgevallen, middelmatig geschrijf, nogal plat en dom, nogal gewelddadig ook, met een piepklein beetje seks van vrij onnozele en routineuze aard. Echt niks aan, dat boekje.

Ik had het gelezen met heel wat minder plezier dan een heleboel andere van de traditionele vakantiepockets die mijn vader bij de buurtboekhandelaar had aangeschaft. In de week voor de grote vakantie ging hij erop uit, en kwam hij terug met een royale stapel pockets, Prisma Detectives en Zwarte Beertjes. Ook wel eens Ooievaartjes (*De commissaris vertelt*, *De commissaris vertelt verder*, *De commissaris kan me nog meer vertellen*—maar die boekjes verdwenen geruisloos weer uit het circuit, die waren niet voor ons bestemd bij nader toezien, al wist ik ze in no time terug te vinden, in de kast op de studeerkamer). En de Van Eemlandt serie, het pseudoniem waaronder de vader van Hella Haasse de door en door Haagse, uiterst trage speurdersromans schreef waar mijn vader zo dol op was.

Zonder moeite zou ik de titels kunnen noemen van de spannende boeken, die we uit elkaars handen trokken in de Tiroler bergboerderijen waar onze vakanties werden doorgebracht. In Hinter Thiersee, in Gries am Brenner, in Serfaus lazen we tussen het wandelen en slapen door: *Moord zonder lijk*, *De fatale contrabas*, *Spionage in de Balkan*, *Moord aan boord*, *Nacht over Kasjmir*, *De misdaad van de Bultenaar*, *Een Rubens op drift...*—, en waren verenigd in een en eenzelfde spanning, waarin alleen het omslaan van de bladzijden te horen was, of de slok thee die iemand nam tijdens het lezen.

Hij is bezweken, mijn vader, aan prostaatkanker.

Ik geloof werkelijk dat iedereen behalve hij en zijn vrouw ten slotte in de gaten had hoe frequent hij wel niet gebruik maakte van de wc. Ik heb er een of twee maal een voorzichtige opmerking over gemaakt. Zowel hem als moeder ontging zelfs de strekking van mijn vraag. Ik vond het al tamelijk heldhaftig dat ik er überhaupt iets over had durven zeggen, en deed er verder het zwijgen toe.

Voor zover een sterfbed ideaal kan zijn, was het zijne dat.

Hij stierf thuis, in de huiskamer, waar we een waterbed geïnstalleerd hadden met uitzicht op de zomertuin. We waren in de gelegenheid hem zelf te verzorgen, in een drieploegenstelsel. Een speciale sterfbedgenade heeft gewild dat het niet zo lang is gaan duren dat te grote druk of vermoeidheid ons parten gingen spelen.

Hij lag daar, en raakte steeds verder heen. We bevochtigden zijn lippen. We wasten hem. We stelden hem gerust, als hij wakker schoot uit een van zijn tientallen hazeslaapjes, half overeind kwam, en vroeg:
—Piet, kunnen we inhalen?

Hij stak zijn hoofd naar buiten uit het raam van een droom.

Ja, dat autorijden van hem, de laatste jaren vooral. Dat

stramme autorijden, waarbij moeders hulp—vermoedelijk terecht—onontbeerlijk werd geacht.

Daf of Mazda, automaten, veiligheidshalve op de rechterweghelft, bedaard tempo, en na ampele studie en overweging klonk daar dan de vraag, bij vol daglicht, want 's avonds werd al lang niet meer gereden:

—Piet, kunnen we inhalen?
—Ja Piel, er komt niemand aan.

Gerustgesteld door haar stem en het geroutineerde antwoord sliep hij weer verder. We volgden hem in zijn droom en deden geen beroep meer op een wakende rationaliteit waarover hij met de dag minder beschikte.

We hadden het, moeder als eerste, al opgegeven om nog te proberen hem uit zijn droom te halen. Op enig moment zijn we ermee opgehouden, hem te verzekeren dat hij thuis was, gewoon thuis, en op een bed lag, beneden.

Maar het bed, een waterbed tegen doorligwonden, was een vreemd bed en de plaats, beneden in de huiskamer, was een vreemde plaats. Vaak vouwde hij, wakker geschoten, de handen; bad, zuchtte diep; en sliep weer.

We wasten hem. Ik had een zekere routine gekregen in het opdiepen van zijn bijna letterlijk verdwenen geslacht. De eerste keer kon ik mijn ogen niet geloven: het was niet alleen gekrompen tot het formaat van de pink van een peuter, het was bovendien ingetreden, of ingedaald, tot onzichtbaarwordens toe. Het moest dus opgediept worden, zijn gekrompen en verborgen geslacht, om het te kunnen wassen, en om het in de plooien en rimpels te kunnen beschermen met zalf, tegen zijn eigen incontinentie. Aan al deze dingen waren we in korte tijd verbijsterend gewend geraakt.

Toen hij gestorven was, zomaar op een of ander moment overdag, zonder speciaal laatste woord, zonder dat een dergelijk woord nodig was ook, want allemaal hadden we nog met hem kunnen spreken, was het enige waarop ik totaal niet verdacht was dit. Dat de twee mannen van de begrafenisonderneming die, nadat de zuster van laatste zorg geweest was, kwamen om hem op te halen een *ding* van hem maakten. Een langwerpig grijs pakket.

Ik weet niet waar de anderen waren op dat moment, maar ik was erbij. Ik vond dat iemand erbij moest zijn om toe te zien hoe hij het huis verliet, maar het schokte me, dat inpakken in een dik grijs plasticachtig grondzeil, helemaal, waarbij elk onderscheid tussen hoofd- en voeteneinde verloren ging, zodat hij werkelijk een ding werd, een ding dat al zo stijf was dat het pakket zo, rechtop, zonder verdere hulpmiddelen dan hun vier professionele armen, een baar kwam er niet eens meer aan te pas, door de deurpost gemanoeuvreerd werd, en over de gang en door de voordeur naar buiten gedragen, en hoewel ik de indruk had dat de twee zwijgende mannen het buitengewoon vreemd vonden dat ik nog een paar passen mee naar buiten deed, een eindje de stoep op, om vandaaraf en tot slot aan te zien hoe hij in een raamloze zwarte bestelwagen werd geschoven, zette ik mijn vreemde passen uit volle overtuiging, omdat ik de gedachte nog niet verdragen kon, kennelijk, dat mijn vader zomaar meeging met twee hoogst willekeurige mannen.

Hoe betrekkelijk dicht bij de begraafplaats Eik en Duinen we eigenlijk altijd al gewoond hadden—mijn lagere school lag er recht tegenover—was me steeds duidelijker geworden vanaf het moment dat mijn vader er begraven was. Misschien is het nauwkeuriger, te zeggen dat het woonhuis en de begraafplaats elkaar genaderd waren, in de jaren volgend op zijn dood.

Omdat de arme zandgrond op zijn graf al heel snel korte metten had gemaakt met wat wij er geplant hadden en alles er weldra weer bij lag als zomaar een stukje duingrond waar de regen in wegzakte zonder ook maar een wortel tegengekomen te zijn, ondernamen we op mijn voorstel af en toe een kleine expeditie, mijn moeder en ik. Soms op zijn sterfdag, ook wel eens op zijn verjaardag. Eerst reden we naar een kwekerij waar we ongehaast onze keus maakten uit allerlei heide- en vetplantesoorten. In de door mij geduwde boodschappenkar waarmee we over het terrein van de tuinder dwaalden verzamelde zich zoetjesaan een voldoende aantal plantjes die het, hoopten we, goed zouden kunnen doen in die anderhalve vierkante meter zand op vaders graf. Gewapend met een zak aarde, wat van huis meegenomen tuingereedschap en de zojuist aangekochte planten reden we vervolgens van de kwekerij naar Eik en Duinen.

Dit tuinieren sloot naar mijn gevoel niet bepaald aan bij de gereformeerde traditie van vroeger. Ik dacht aanvankelijk zelfs dat het wel eens een verderfelijke roomse neiging kon zijn, dit willen versieren van graven, maar niets van dat al is me gebleken, ze maakte geen enkel bezwaar en onze kleine expeditie werd zoiets als een tamelijk onregelmatige praktische visite aan het graf van haar echtgenoot en mijn vader.

De eerste keer dat we gingen, wist ik me hooguit globaal de weg naar graf 643E te herinneren. Met een kistje planten en gereedschap in de armen moesten we linksaf langs die door de begrafenisonderneming gekoesterde en opnieuw opgemetselde middeleeuwse ruïne van de Maria van Zeven Smarten, dat was volkomen duidelijk, dat wisten we nog wel, en een eind verderop rechtsaf, en dan doorlopen tot bijna de noordwestelijke hoek van de begraafplaats, en daar, ergens aan de rand van een veld dat tot opslag voor tuinafval diende, moest het zo'n beetje wezen.

We raakten verschrikkelijk aan het dwalen, en ik wist niet wat er op de loer lag, pure paniek of een levensgrote dreiging van de slappe lach, terwijl we—verdwaald, wel degelijk echt verdwaald—rondsjouwden tussen al die graven, wildvreemde graven die me van de weeromstuit steeds meer belang begonnen in te boezemen. Bij elk graf wilde ik wel stilstaan om de details goed in me op te nemen.

God mag weten hoe we er ten slotte toch nog kwamen, en op de terugweg, die zich geheel vanzelf wees—het was alweer volslagen onbegrijpelijk hoe we de weg naar het graf *niet* met het grootste gemak hadden kunnen vinden—, dacht ik er gelukkig aan om met het oog op volgende bezoeken een kleine mentale aantekening te maken van de precieze plek waar we rechtsaf hadden moeten slaan, namelijk bij het graf van de weduwe Donk. *Donk, Donk*, zo prentte ik mezelf in, *rechtsaf bij de weduwe Donk. Maar als dat graf ooit geruimd wordt ben ik verloren.*

In mijn herinnering zijn het momenten van harmonie—alles rond dit grafgeschoffel: het uittrekken van levend onkruid en van dode of armetierige aanplant, het inzetten van nieuwe planten, deze bezigheden met hun nagenoeg huiselijke karakter, terwijl we ondertussen zo nu en dan wat zeiden.

In een adempauze las ik weer eens wat op de steen stond: *Hier ligt begraven tot de dag der wederopstanding mijn lieve man, onze lieve vader en grootvader*—, en ik vroeg haar:

—Zeg, moeder, u gelooft echt dat u vader in de hemel weer terug zult zien, hè?

—Wat dacht je dan, jongen.

—Nou ja, ik bedoel, al die problemen... U weet wel: verminkingen, ziektes, leeftijdsverschillen...

—Ja, jongen, hoe moet ik dat weten. Maar wij geloven nou eenmaal in de herrijzenis des vlezes.

Zo eenvoudig en ernstig als ze dat kon zeggen, de plechtige woorden met een heel lichte nadruk uitgesproken, als om aan te geven dat het niet haar eigen woorden waren, maar woorden van een hoger gezag.

—Maar vader geloofde toch niet zo erg meer in een hemel, dacht ik?

—Jawel hoor, jongen, jawel hoor.

Mijn moeder was gestorven in een zomermaand, niet lang voor het begin van de schoolvakantie. Wij besloten eerst met vakantie te gaan, en ons pas daarna te buigen over het probleem van de boedel.

Maar de allereerste voorwerpen werden voor de vakantie al door ons weggehaald. Het voelde een beetje als ontvoeren: dat wij daar de grootouderlijke Friese klok en zo meer plotseling naar buiten droegen, in onze auto's laadden en wegreden. De onttakeling was ingezet.

Tijdens de vakantie die dat jaar niet ver weg was gepland, in een Ardeens huis waar zij deel had zullen uitmaken van ons gezelschap, trof het me op een dag, in een van die eerste weken na haar dood, dat ik pas 's avonds aan haar dacht.

Maar ik droomde—misschien pleitte dat me weer wat vrij—dat een sjamaanachtige oude vrouw op onze wens haar intrek had genomen bij het lijk, dat zich bevond in een ruim onderaards hol waarvan ik me bij het wakker worden de lössachtige gele kleur herinnerde. De oude vrouw bleef vier weken bij de dode en vroeg haar op gezette tijden, ik meen elke dag, of zij inderdaad dood wilde zijn. Of het lijk de vraag steeds opnieuw bevestigend beantwoordde dan wel zweeg, dat kon ik na mijn droom niet zeggen. De priesteres verbleef, sliep en waakte zonder zelf te eten en te drinken.

Na de vakantie moesten we aan de slag. Mijn zus, mijn broer en ik spraken alvast een aantal dagen af waarop onze diverse banen en bezigheden het toelieten en we begonnen. Zomaar ergens.

Dit halletje, deze gang. Deze keuken en deze tuin. Vooral deze twee, haar meest eigenlijke domeinen. De doorgebroken huiskamer allicht. En de studeerkamer, de zogenaamde studeerkamer, in feite uitsluitend gebruikt geweest als logeerkamer. De badkamer, waar wij lang geleden onze gereformeerde lichamen in bad hadden gedaan en schuw in de spiegel beloerd alvorens ze snel weer te hullen in de door moeder klaargelegde verschoningen. De aangrenzende ouderlijke slaapkamer waar 's morgens het licht het eerste aan ging om het doortastende gezinshoofd, de opgewekte vader, naar buiten te laten, op weg naar fluitketel en scheerapparaat, die beneden even later tegelijk met het eerste radionieuws van het Algemeen Nederlands Persbureau hun eigen geluiden begonnen te produceren. En op zolder, onze afgeschoten kamers. De kleine aan de achterkant, van mijn zus; de grote aan de voorkant, van mijn broer en mij. Met—bijna kamervullend—de twijfelaar waarin wij zo veel ruzie hadden gemaakt over 'de grens', dat wilde zeggen de volkomen onzichtbare maar niettemin met de grootste nauwkeurigheid te bepalen scheidslijn tussen de twee krappe helften. Naar welke grens we zo vaak knipperend gekeken hadden als een van ons in opperste woede, om een eind te maken aan

het weer eens op gang gekomen getrap en geduw onder de dekens, een ruk had gegeven aan de trekschake-
laar.

—Kijk zelf dan, sukkel die je bent!

De kamer, waar ik destijds precies had geweten hoe
lang, of liever hoe kort en met welke tussenpozen, het
vuurtorenlicht van Scheveningen vluchtig te zien was
in de ramen van de dakkapel, een snelle veeg van licht
door de spleet van de groengeblokte gordijntjes.

'Wij zijn nu wezen.' Niet lang na de dood van moeder
heb ik mijn broer dat tegen iemand horen zeggen, en
ik meende een vleug van ironie te horen. Maar een
snelle blik op hem liet zien dat hij het in ernst had gezegd. Je ouders, zo ging hij voort, waren altijd een
muur geweest tussen jou en de dood, en die muur was
nu weg.

Het beeld dat hij gebruikte, voor het nieuwe en definitieve gevoel, trof me. Misschien was 't het beeld der
beelden. Zeker, wij waren kwetsbaarder geworden. Nu
liepen wij zelf voorop.

De dood van mijn vader, zeven jaar eerder, had de
eerste bres geslagen in die muur. Maar op de een of andere manier was hij als eerstgestorvene—voor zijn kinderen althans—een veel aanvankelijker, een veel minder
definitief en afsluitend sterfgeval geweest.

Misschien kwam dat ook wel doordat zijn vaderschap en zijn vollere aanwezigheid in het huis sinds zijn
pensionering het nu eenmaal af hadden moeten leggen
tegen moeder die het huis als het ware in zijn geheel
bewoonde. Terwijl vader eigenlijk alleen de bewoner

was geworden van die ene speciaal voor hem aangeschafte wat hogere stoel, die hem als patiënt van de ziekte van Parkinson betere startmogelijkheden bood bij het opstaan.

Hoe dan ook was zijn dood minder definitief geweest. Met de dood van moeder werd immers ook het huis gesloten. Waardoor zij, sterker dan hij, met huis en al begraven moest worden, en met ieder voorwerp afzonderlijk. Want alles in het huis, of het vroeger nu van hen samen geweest was, of van een van beiden apart, het was nu zonder onderscheid van haar.

Zij had er zevenendertig, mijn vader dertig, ik tien, mijn broer zes, mijn zus vier jaar gewoond. Wij drieën tot en met het eindexamen, waarna we het huis uit gingen om te studeren.

We begonnen zomaar ergens. De een hier, de ander daar. Natuurlijk zonder over criteria te beschikken. Het gevoel van lukraakheid was aanvankelijk enorm. Helemaal verdwijnen zou het nooit, ook niet tijdens de latere opruimexercities. Het kon zich op totaal onverwachte momenten opnieuw voordoen, het moedeloze gevoel van lood om oud ijzer.

De een was beneden in de huiskamer aan het werk getogen, de ander één hoog in de slaapkamer, de derde op zolder. We trokken laden open en kastdeuren. We wierpen blikken op inhouden van laden en kasten. Nooit bedoeld geweest allicht om opeens bekeken te worden met de blik van de nabestaande. Het was nog maar het begin van een vreemde huiszoeking waarbij op den duur alles, letterlijk alles, aangeraakt en opgepakt en verplaatst zou worden.

Iemand haalde de verjaardagskalender van de muur van de wc, met in de handschriften van zowel vader als moeder de meer en de minder verbleekte data van overwegend dode familie en vrienden, en gooide hem weg.

Iemand nam de gewone, dat wilde zeggen de zendingskalender die naast de schoorsteenmantel boven het telefoontoestel hing, met in het beverige handschrift van haar laatste maanden zelfs nog komende afspraken erop, van zijn spijkertje en gooide hem weg.

Iemand maakte de lectuurbak leeg, met daarin zowel de kranten als de omroepgids als de bijbel waarin zij na het eten las.

Iemand gaf de planten water.

Iemand gooide een cursus weg die ze gevolgd had, om hem later weer uit de prullenbak te vissen en bij een of andere afdeling te voegen die zich intussen gevormd had.

Iemand zette het Scrabblespel, met erin nog scores die teruggingen tot de tijd dat vader en zij het spel zeker eenmaal per week speelden, op een plek waarvoor vaag het parool gold: nog een bestemming voor zoeken.

Iemand legde een rol plastic vuilniszakken op tafel neer.

Iemand trok in de keuken een lade open, met kookboeken, en schoof hem weer dicht.

Iemand ging koffie zetten.

Het was bizar. De koekjes, waar wij er nu een paar van aten, zaten nog rustig in hun trommels, de ijskast bevatte de benodigde koffiemelk, en de energietoevoer vond plaats zoals gewoonlijk. Daar zaten wij, in een huis waar bijna alles nog op zijn plaats lag of stond.

Af en toe zei er iemand wat. Zoals mijn broer. Die, naar hij tijdens een koffiepauze vertelde, in één klap— dat was wat hij zei: *in één klap*—alle brillen van moeder in een vuilniszak gestopt had.

—Jongens, waar is mijn fok? Hè, waar is die bril nou weer? Toe, heeft iemand ergens mijn bril gezien?

Ik zweeg ontzet. Ik bewonderde zijn besluitvaardigheid en zijn daadkracht en ik wist niet waarom ik zelf nooit zo drastisch had kunnen zijn. Mijn broer zat er niet alleen ontdaan bij, hij was al ontdaan van zijn eigen daad terwijl hij hem voltrok, zoveel was wel duidelijk uit het mengsel van verschriktheid en weerzin waarmee hij erover gesproken had.

Of niet iemand er nog wat aan had kunnen hebben, aan die brillen van haar; het was een vraag die ik aan de orde stelde tijdens datzelfde koffiedrinken, maar zonder veel overtuiging.

Vermoedelijk alleen omdat ik er nu eenmaal over begonnen was, die onzalige brillen, sprak mijn zus vaag over brilleninzamelingen ten behoeve van landen in de derde wereld. Ja, daar hadden we alle drie wel eens van gehoord, zo bleek, zulke brilleninzamelingsacties. En oud gereedschap, dat ook. Dat werd ook wel eens ingezameld.

'Maar die brillen van moeder? Onzin natuurlijk,' zo besloot zij, 'met die ingewikkelde glazen erin.'

Niemand zei het, want we waren er alweer over uitgepraat. Maar waarschijnlijk kwam de gedachte aan een mogelijk voortgezet gebruik van moeders brillen in een ver en arm land ons alle drie volslagen onwezenlijk voor, zo niet ongepast.

Over en weer ongepast. Over en weer gênant. Maar zelfs al zouden we in staat zijn geweest tot een voldoende begrip voor het wellicht grote belang van dergelijke acties—van zulke op het eerste gezicht toch wel uiterst schamele, om niet te zeggen gierige filantropie—, dan nog leek elke verhouding zoek, tussen de omstandigheden waarin moeders brillen zich nu bevonden, en de energie die het zou kosten om erachter te komen welk kerkgenootschap of andere organisatie ons moeders brillen in dank zou willen afnemen.

Goed schoongemaakt, ook dat nog. Want stellig zouden we het kerkgenootschap geen brillen hebben aangeboden die zulke overduidelijke sporen droegen van recent gebruik. Moeders brillen waren namelijk altijd verwonderlijke uitzonderingen geweest, enclaves van verwaarlozing in een leven dat voor een groot deel nu juist gewijd was aan de nooit eindigende jacht op stof en vuil, vlek en veeg, streep en kring. Heel merkwaardig was het dus eigenlijk dat zij het gewoon was geweest voorbij te zien aan die ontzaglijk smerige brillen van haar: de hulpstukken die de scherpte van haar blik op peil hadden helpen houden.

Maar het belangrijkste, ook al was geen van ons drieën daar in de korte nabeschouwing mee gekomen, was natuurlijk dat een bril van een overledene voor de nabestaanden pas in zoveelste instantie een gebruiksvoorwerp was. In de eerste plaats was het een verlengstuk van het lichaam. Waarmee het zo onlosmakelijk verbonden was geraakt dat het deel had gekregen aan de vertrouwelijkheid en misschien zelfs aan de onschendbaarheid waarop een lichaam aanspraak mag maken. Een bril, zozeer onderdeel geworden van het gezicht, zozeer bekleed geraakt—in een vreemde omkering—met de persoonlijkheid van de drager, is nagenoeg een lichaamsdeel.

Pas nu, achteraf, neig ik er een ogenblik toe te vinden dat zij met een bril op begraven had moeten worden. Of nee, met de ene bril aan een kettinkje op de borst, en de andere binnen handbereik. In een brilledoos. Was zij niet gekapt en gekleed de aarde in gegaan?

Had zij eigenlijk niet veel meer mee moeten krijgen op haar laatste reis? Zoals haar breinaalden, met voldoende wol. Haar bijbel, psalmen en gezangen, een rol King. En een rol Werther's Echte, haar handtas natuurlijk, de huissleutel. De omroepgids, het laatste nummer van *Groei & Bloei*. Het stofdoekenmandje. Het boek waar ze in bezig was, geleend uit de bibliotheek. En ook wat boeken van vroeger, *Schoolland* van Theo Thijssen, gekocht toen ze nog onderwijzeres was, en *De heerlijkheid van het Oosten*, door Dr. B. Wielenga, uitgegeven door J.H. Kok te Kampen, 1930. De verjaardagskalender. De braadpan, pannelappen. De zeepklopper. Koektrommels. Wat tuingereedschap, schepje, snoeischaar, gieter. Een boodschappentas. De ovale ovenschotel. De portretten die op de tv stonden. Wandelschoenen. Een fototoestel. De zelfgetekende kaarten met goede wensen van haar kleinkinderen op het hoofdeinde van het ziekenhuisbed. Sieraden. Benodigdheden voor wandkleden. Haar woordenboek Frans-Nederlands, het woordjesschrift. Alleen Frans? Al haar woordjesschriften, Frans en Engels. En de knopendoos. En de maasbol. En een fles Eau de Cologne—

Wij wilden de dingen kwijt, terwijl de dingen nog van alles zeiden. Ze bleven maar doorpraten, al die relicten van weinig of geen waarde. Opeens werd er over hun lot beschikt.

Alles daar in het laatste huis van onze lang voorbije jeugd vergde zijn eigen besluitvaardigheid. Opruimen bleek inspannend te zijn omdat het stukwerk was, waarbij het onderscheidingsvermogen aan een niet geringe slijtageslag onderhevig was. We maakten uren. Op een vage manier waren we alle drie gehaast, zonder preciezer te weten hoe gehaast dan wel. Voor het eind van het jaar en liefst nog voor de winter hoopten we het huis leeg te hebben.

Mijn broer was het radicaalst en het meest onthecht, mijn zus het meest praktisch en het zakelijkst. Ik het voorzichtigst. Mij gingen dingen al snel te ver. Maar ik was blij dat ik het niet in mijn eentje hoefde te doen. Want een te grote inschikkelijkheid tegenover al die getuigenissen, groot en klein, van het verleden—waar ik toe neigde—dreigde van het minste en geringste karweitje een levenswerk te maken. Die gedachte was me maar al te vertrouwd.

Misschien speelde hierbij een bescheiden rol dat ik

nog altijd de jongste was, ook al was ik het nu van drie mensen van middelbare leeftijd. Was ik niet degene die zo'n beetje voor spek en bonen mee mocht doen? Als je mensen in oude constellaties bij elkaar plaatst, zullen zij zich er nauwelijks aan kunnen onttrekken dat ze zich weer gaan gedragen naar het oude patroon. In dit huis waren en bleven wij: de kinderen.

Die jaargangen van *Groei & Bloei*, dat ging mij bij voorbeeld al een klein beetje aan het hart. Om die samen met mijn zus in een oudpapierbak te staan proppen. Een halve kuub zware glanzende kleurendruk, de klep van de enorme container in. Niet dat ik ze zelf had willen bewaren, al die tijdschriften. Maar wel had ik er een vage behoefte aan ze ter hand te stellen. Aan iemand—zo iemand moest toch bestaan?—voor wie ze plusminus evenveel betekenis konden hebben als ze voor mijn moeder hadden gehad. Alhoewel, 'betekenis'? Bladeren, en hier en daar wat lezen: ik moest niet zo overdrijven.

Daar gingen ze dan toch maar, de jaren negentienzoveel tot negentiennegentig, van de tuinierster, plantenbegietster, tuinenbezoekster die mijn moeder geweest was. Geweest; bij elk bezoek aan haar was duidelijker geworden, het afgelopen jaar, dat de kamerplanten die vroeger haar trots en haar glorie waren—tot en met de meest onwaarschijnlijke cactussen had ze in bloei weten te krijgen—, hadden moeten delen in haar geleidelijke achteruitgang.

Het plantenbestand was ten slotte bijna gedecimeerd. Het was kaal geworden, daar op de vensterbanken. Het had, haar voorheen groene hand in aanmerking genomen, iets van geschiedvervalsing dat eigenlijk alleen haar cactussen er nog bij stonden zoals ze dat altijd gedaan hadden, en haar nog niet zichtbaar misten.

Dezelfde container had de reisgidsen opgeslokt, de kaarten, de routebeschrijvingen, de internationale rijbewijzen, de dito inentingsbewijzen, de oude paspoorten vol stempels en visa. Deze collectie had zich bevonden in het bovenste gedeelte van de door timmerman Snets volgens een ontwerp van Alleman Woninginrichting gebouwde kast. De kast van Snets was, tezamen met een vernuftig tussen hardhouten balkjes in het plafond weggewerkt ensemble van spotjes, in de plaats gekomen van de twee vooroorlogse kasten met schuifdeuren ertussen die op last van mijn moeder en met loyale steun van mijn vader waren weggebroken, en had onze volle moderniteit belichaamd, in de jaren vijftig.

Ademloos had ik als kleine jongen toegezien hoe de timmerman deuren vlak had gemaakt en hoe het licht gespreid was. *Lichtspreiding*—dat was het toverwoord geweest waarmee Philips door middel van advertenties van destijds sensationele omvang en minstens een jaar lang een nieuw ruimtelijk idee gepropageerd had onder de Nederlandse bevolking, en de boodschap had mijn moeder als een der eersten bereikt.

Men kon, zo leerden de advertenties, zijn woonruimte—een in die tijd nog door en door wijsgerig begrip—voor het oog sterk vergroten, als het ware, door zogenaamde lichtaccenten aan te brengen. Al bijna was daarmee het moment aangebroken dat het gezin, tot dan toe verenigd gezeten rond een en dezelfde tafel, en onder die ene boven de tafel zijn licht verspreidende lamp, zou gaan opbreken.

Ook die kaarten en reisgidsen waren me even aan het hart gegaan—nou ja, even maar. Bijtijds had ik ingezien dat ik niet wilde worden: de volijverige reconstructeur van het gaan en staan van mijn ouders, tijdens al hun vakanties, intercontinentale reizen, en uitstapjes in eigen land tijdens het weekeinde. Maar al te goed herinnerde ik me de lijzige marteling van het vertonen der dia's, en van—langer geleden—het achterin meerijden langs werkelijk heel mooie riviertjes in wat sindsdien het groene hart van Holland is gaan heten.

Maar toch, zo mompelde het in mij na, hiermee hadden we onszelf elke mogelijkheid ontnomen om nog ooit te achterhalen wat er allemaal op die foto's en—later—dia's stond die door mijn moeder gedurende tientallen jaren gemaakt waren. Foto's en dia's, die we in afwachting van later te ontwikkelen gedragslijnen voorlopig aan het verzamelen waren op het dressoir, eveneens van de hand van timmerman Snets en volgens ontwerp Alleman. Met zwarte en witte schuifdeurtjes van heel dik plastic, en van hetzelfde blankgeverniste hout.

Ach, moedertje. Al die foto's waar u niet op staat omdat u ze genomen hebt. Maar waarop nooit de door een destijds universele foto-esthetica dwingend voorgeschreven boom- of bloesemtak op de voorgrond ontbreekt.

Ik heb, met zulke foto's in handen en niet zonder een zekere verbluftheid, inderhaast staan overpeinzen dat er overal ter wereld, als god het gaf en ik het wenste, plekken te vinden moesten wezen—met drie coördinaten tot op graad, seconde en millimeter nauwkeurig vast te stellen—waar zich het oog van mijn fotograferende moeder bevonden moest hebben: in Japan, Schotland, Mexico, Oostenrijk, het Geuldal, Texel, Zaandam, Friesland, Zuid-Afrika, Roemenië, IJsland, de Verenigde Staten, Indonesië, Spanje, Zweden, het Westland, Maassluis, langs de Linge en de Vlist en op Lesbos. En al die plekken riepen, als vergeeld behang, heus wel iets op aan verschoten verhalen, herinneringen en anekdotes, maar bovenal moest ik eraan denken hoe ik gegeeuwd had bij de saaie reisavonturen. De afweerhouding van de overjarige adolescent die ik heel lang gebleven ben, had deze foto's en dia's voor altijd mee gekleurd.

Foto's en dia's bevinden zich nu tezamen met projector, scherm, en lamp—met preciserend pijltje—op de zolder van mijn zus, in afwachting van een misschien wel louter denkbeeldig moment waarop wij een selectie eruit zullen willen bezichtigen. Iemand zal misschien die moeite nemen op een dag, van het selecteren. En van het bijbehorende weggooien.

Met deze dingen is een sentiment verbonden dat nog niet welkom is maar niet te ontkennen valt. Wie weet bevinden zich diep in ons hart of brein, een en hetzelfde, tabellen waarop nu al nauwkeurig te lezen staat hoeveel tijd er verstrijken moet tussen het vinden van foto's en dia's in een kast in het huis van een overleden moeder en het ogenblik waarop zelfs het trouwste, aan herinneringen en relikwieën verslingerde kind de verzameling voor gezien zal houden.

Zoals er een c-14 methode is die archeologen in staat stelt om aan de hand van hun kennis van de halveringstijd nauwkeurig te berekenen hoe oud het object waar het ze om begonnen is moet zijn, zo is er in de menselijke geest misschien evenzeer een metende instantie die op een dag verordonneert: nu is het mooi geweest, hierbij worden de bijbehorende sentimenten eervol ontslagen, ontbonden verklaard, of wat dan ook—al naar de volksvergadering van gevoelens, herinneringen en inzichten besluiten zal.

Op een stoel van wat vroeger de ouderlijke slaapkamer en nog niet zo lang geleden die van onze moeder was, lagen haar fototoestellen, te voorschijn gekomen. Het oudste al van voor de oorlog, van voor zij vader had leren kennen. Praag, met vriendinnen, kartelrand. En Luxemburg. Dezelfde oude box had ons gefotografeerd in Tirol. Ik, nog op de lagere school, was de enige in mijn klas die met vakantie naar het buitenland ging.

'Ik ga naar het buitenland,' zei je destijds plechtig, om direct de totaal andere schaal van jouw vakantie duidelijk te maken; daarna pas vervolgde je met te zeggen, naar welk buitenland dan wel.

Of je zei (in antwoord op de vraag naar het vakantiedoel): 'Naar Oostenrijk.' En dan bracht de vraagsteller zelf de gevolgtrekking tot stand: 'O, naar het buitenland dus.'

Ik herinnerde me hoe halverwege de jaren vijftig West-Duitsland, waar onze Bergland Express doorheen raasde, getrokken door twee enorme Duitse stoomlocomotieven, overal nog een platgebombardeerde en onttakelde aanblik bood, links en rechts direct naast de spoorbaan stonden de bouwvallen, tot grote vreugde van vooral mijn moeder.

Dat was het tijdperk van de box. Het tijdperk van het wandelen, van de fiets, en van de trein. Zwartwit, klein formaat. Andere toestellen waren gevolgd. Kleurentoestellen, die ons bijhielden als middelbare scholieren, en uit het oog begonnen te verliezen als studenten. Daarna nog weer andere, steeds geavanceerder. Zij kon uitstekend fotograferen. Ik stond ermee in mijn handen. En legde ze weer neer, op de stoel waarop voorheen de kleren van mijn vader hadden gehangen, 's nachts.

Met zo veel hebben we in onze handen gestaan, alvorens het weer terug te leggen op zijn tijdelijke verzamelplaats. Na een aantal uren waren we vaak murw van het aan één stuk door in tientallen varianten zich opdringende en herhaalde besef dat aan het huis waar wij waren de hoofdbewoonster was komen te ontbreken, dat degene die dit alles bijeen had gehouden het niet langer bijeenhield, dat dit het onvermijdelijke uiteenvallen was, en wij degenen die het in banen moesten leiden.

Zoals het leven haar ziekenhuislichaam verlaten had, waarna zij er nog heel even bij had gelegen alsof zij althans degene was geweest die het geherbergd had, zo ook met het huis. Dat er in toenemende mate uit begon te zien als de lege plek waar we naar toe werkten. Van overvol tot compleet leeg. Van herinnering, en verzamelplaats van sentimenten, tot te verkopen, leeg op te leveren, en ongetwijfeld door de volgende bewoners energiek te verbouwen onroerend goed. Een huis is slechts de begrenzing van een ruimte, niet die ruimte zelf. De laatste is zuiver innerlijk.

99

Gespreid over enkele maanden zijn we er misschien een dag of tien in de weer geweest. Meestal gedrieën, een enkele maal met zijn tweeën of alleen. Het moment waarop we het werk met het grootste gemak deden brak nooit aan. Was het aanvankelijk akelig geweest om inbreuk te maken op de huiselijke orde die er ook na de dood van de bewoonster nog heerste, op het laatst was het juist de onttakeling zelf die heel weinig opwekkend was: met slechts hier en daar nog wat restanten die het hoofd boven water hadden gehouden.

Grotendeels waren het dingen die een zekere hopeloosheid te kennen gaven. Gewezen snuisterijen, zo niet prullaria, souvenirs van het type drie kamelen, met twee kettinkjes verbonden tot een minikaravaan, van olijfhout; meegekomen van een reis naar het Heilige Land. Ook waren er logge dingen, die tot dusver genegeerd waren vanwege hun moeilijke verplaatsbaarheid, maar van begin af aan al min of meer voorbestemd tot grofvuil.

Voor die laatste loodjes troffen mijn broer en ik elkaar nog een keer in het huis in de Mispelstraat. In feite waren er al diverse laatste keren geweest. Het begrip 'laatste keer' was zijn betekenis een beetje kwijtgeraakt, het was elastisch geworden, en kon zich met gemak uitbreiden over meerdere dagen tegelijk. Zo was er kort tevoren een laatste keer geweest waarbij een gehuurd busje en een verhuiswagen verschenen waren om allerlei praktisch bruikbaars op te halen en over een aantal begiftigden te distribueren. Het slaapkamerameublement bij voorbeeld, en de linnenkast; en ook de ijskast van mijn moeder, waaruit ik verbaasd nog een diepgevroren karbonade en twee kinderijsjes had gehaald alvorens hem te ontdooien.

Maar deze om zo te zeggen boventallige laatste keer, met mijn broer, diende er onder andere toe om op zolder de twijfelaar—waarin hij vijf en ik negen jaar geslapen had—uit elkaar te halen en de onderdelen ervan de twee trappen af te dragen. Ook twee zinken teilen, een idem wasketel en een wasbord, alle vier mysterieus bewaard gebleven uit de oertijd van de was, moesten omlaag; evenals de stoelen en het opklapbed uit de kamer van onze zuster, en het stalen bureau van mijn vader. En met een waterpomptang ontkoppelden wij het gasfornuis en de bijbehorende kachel in de keuken. Stuk voor stuk betrekkelijke kleinigheden, zoals de hele leegruiming een aaneenschakeling van kleine handelingen geweest was.

Het resultaat was dat er beneden een vrij forse, overzichtelijke verzameling bric-à-brac ontstond, waarvan wij hoopten dat zij verwelkomd zou worden door de mensen van het Leger des Heils die dezelfde middag langs zouden komen met een vrachtwagen.

Mijn broer bleek totaal vergeten te zijn dat zo'n zinken teil als wij zoëven de trap af hadden gedragen vroeger tezamen met een wasmand de sinterklaascadeaux (nog met een *x*) bevat had, afgedekt door een wit laken zolang het feest nog niet begonnen was. Ik bracht hem in herinnering wat een koortsachtige sfeer van laatste voorbereidingen er in het huis had gehangen. Hoe er speculaas- en borstplaatgeuren uit de keuken kwamen. Hoe snel en gemakkelijk vader zijn korte doeltreffende gedichten had zitten schrijven, op velletjes van een blocnote van een kwartje, en hoe moeder tot op het laatst—tussendoor!—aan het zwoegen was op haar langregelige verzen, vaak over de volle breedte van het glanzende gelinieerde papier dat ze voor haar correspondentie in gebruik had. En hoe af en toe iemand haastig binnenkwam en naar de teil en de wasmand ging om zijn of haar zojuist gereedgekomen cadeaus daarin te deponeren. Waarna opnieuw het laken de mysterieuze geschenken aan het gezicht onttrok. En naarmate de teil zich vulde werd het sneeuwwitte laken bergachtiger door de steeds hoger opgetaste, puntig uitstekende pakjes en pakketten eronder.

Maar hij koesterde geen sinterklaasherinneringen.

Of hij, vroeg ik, zich dan dat feestelijke gevoel niet kon herinneren, dat opwindende gevoel van gestaag groeiend bezit—van het eigen eiland van cadeaus: hoe ze, op een goed begrensd terreintje, bij voorkeur onder je stoel of op een apart tafeltje, dicht aaneengeschaard het moment afwachtten waarop ze naar elders overgebracht konden worden.

Maar hij had er nooit veel aan gevonden, eigenlijk, zei hij.

En tot de mannen van het Leger des Heils kwamen spraken wij zo over de gezinsgeschiedenis, en over wie mogelijk de lieveling van wie was geweest, en hoe hij er voor zijn gevoel uit had gelegen, in elk geval bij vader. Drie mannen van het Leger kwamen stipt op tijd en beoordeelden volgens criteria die ons ontgingen de vreemde verzameling. Tweederde wel, de rest niet. Zo werd de verstelbare stoel op zes wieltjes van wijlen onze vader, zorgzaam uitgezocht met het oog op zijn moeizame opstaan, grofvuil. Wij leerden dat moderne armen niet in twijfelaars sliepen. Daarentegen namen ze tot onze verrassing een lullige stoof, diverse plastic afwasteiltjes en een rieten lectuurmand weer wel. En het door moeder gekoesterde, voor vlekken altijd angstvallig gevrijwaarde tafeltje met marmeren blad gelukkig ook.

Zo hadden we ten slotte het hele traject afgelegd, van nauwelijks aan de inhoud van een lade willen komen, tot de bestemming tot grofvuil van vaders stoel, op een dag die alweer bijna vijf maanden verwijderd was van de dood van moeder.

En zo was dat dan het allerlaatste wat we daar opruimden. We droegen het grofvuil naar buiten en wachtten op de mannen van de reinigingsdienst; staande, of heen en weer wandelend in het onverwarmde huis, waar alles inmiddels was afgesloten.

Zelfs het gewoonste gebruiksvoorwerp—misschien: *juist* het gewoonste—kan met grote precisie ingespeeld zijn op zijn reguliere gebruiker. Dat merkte ik toen ik de boodschappentas optilde. De canvastas met leren hengsels van mijn moeder, die ik toen we het huis dan werkelijk leeg hadden ten slotte nog had meegenomen.

Met een voor mijn gezin gebruikelijke hoeveelheid boodschappen stond hij op de grond, bij de groenteboer. Ik betaalde, pakte de tas, en hield de losse hengsels in mijn hand. Het was de eerste keer dat de tas weer gebruikt werd.

De hengsels hadden het direct begeven. Maar dan ook direct, zonder zelfs maar een geluid te maken, een krak kon er niet meer af, alsof de tas—die eruitzag als nieuw—volledig uitgeput was geweest.

Dat was mijn eerste gedachte: canvasmoeheid, ledermoeheid, wat voor moeheid dan ook. Even later bedacht ik dat de tas bij haar misschien nog jaren mee had gekund, belast immers met lichtere boodschappen, langzamer opgetild.

Misschien gingen gebruiksvoorwerpen wel op hun gebruikers lijken. Zoals de automaat van vader—vroeger—zich verregaand aan hem had aangepast. Tenminste, dat was mijn stellige indruk geweest, bij het in gebruik nemen van de geërfde Mazda: dat de auto net als zijn vorige berijder de ziekte van Parkinson had gehad.

Een aantal keren, bij het wegrijden, was dat de onontkoombare gewaarwording geweest. Evenals mijn vader, opgestaan om ergens heen te koersen, zichzelf eerst met zijn stok in de hand en zijn blik alvast in de gewenste richting een tijd lang innerlijk scheen te moeten mobiliseren, intussen roerloos in de starthouding, alvorens hij plotseling in een verrassend gelijkmatig tempo begon te wandelen, meteen op snelheid als het ware, maar wel een snelheid waaraan niets meer gewijzigd kon worden, een vaststaande snelheid, waar hij alleen maar ja of nee tegen te zeggen had, graag of niet—zo schoot ook de Mazda plotseling en vreemd gelijkmatig weg, zonder dat ik het gevoel had dat er veel verband was tussen wat de bestuurder deed en wat de auto ondernam.

Hoe het nu precies kwam, dat ik de Mazda destijds nooit schoon had gemaakt, dat wist ik niet meer. Waarschijnlijk was er een vaag samenstel van vele motieven. De gewone slonzigheid; iets dat leek op piëteit maar het misschien wel helemaal niet was; mogelijk ook een soort van voortgezette lichte afkeer van werkelijke toeëigening van de Mazda, zelfs nadat de enigszins versmade, niettemin dankbaar aanvaarde auto *de facto* allang in gebruik was genomen.

Maar nooit heb ik me ertoe kunnen brengen de auto eens behoorlijk schoon te maken, en te ontdoen van de resten aanwezigheid van mijn vader, zoals daar waren: de asbak vol peuken, het nog gedeeltelijk gevulde doosje Karel III, het nagelschaartje in zijn leren foedraaltje.

Vreemd, achteraf. Dat wij nog jaren in die Mazda hadden rondgereden, met kleine kinderen aan boord, van en naar de crèche. En met moeder, van en naar het station. Maar altijd met dat schaartje, die sigaren, die as: een vorm van aanwezigheid waarvan niet te zeggen viel of zij voor het bewustzijn meetelde of niet.

Wat is opgewektheid eigenlijk? Is het een ander soort van hardheid, een vorm van ongevoeligheid zelfs? Evenals gedeprimeerdheid dat is, maar alleen van een andere variëteit, waarbij men een andere helft ziet van de wereld der verschijnselen, een helft waarvoor de opgewekte mens geen oog heeft? Bestaat ook opgewektheid alleen bij de gratie van de selectieve waarneming?

Want wat deed ik nou helemaal? Ik trof voorbereidingen! Het gehele geluk, ik had het al vaker vastgesteld, was gelegen in de tussentijd. Het *was* de tussentijd. Onveranderlijk bevond het zich tussen de zucht van verlichting na gedane arbeid, en het rooskleurig perspectief.

Ik was aan het opruimen, al weken lang, maar nu in het eigen huis. Terwijl luid Bach's *Actus tragicus* om mij heen klonk, mijn lievelingsmuziek van ogenblik en periode. Uiterst opgewekte muziek. Waardoor ik mij graag liet vermanen:

> 'Bestelle dein Haus;
> denn du wirst sterben
> und nicht lebendig bleiben!'

Ik was met roken gestopt, nog voor het eind van het jaar waarin mijn moeder gestorven was. Op of omstreeks de datum waarop het huis dat wij geërfd hadden verkocht was. Alsof ik de rest van mijn leven nu eindelijk eens onder ogen moest zien.

Onverhoeds en tot mijn eigen grote verbazing was ik tot die drastische en periodiserende maatregelen overgegaan. Blijkbaar was het mij niet genoeg geweest om orde op zaken te stellen in het huis van mijn jeugd; nu moest ook het huis van mijn volwassenheid eraan geloven.

Stof van jaren wolkte op, prullenbakken en vuilniszakken raakten in een oogwenk vol. Ik hield grote schoonmaak, en het eind was nog niet in zicht. Boeken die al heel lang lagen, moesten plotseling staan. Als er geen plaats was, werd er plaats gemaakt: zo eenvoudig was dat. Boeken schikten in, boeken vlogen eruit, met meters tegelijk.

Maar dit opruimen hier in het eigen huis en in de eigen werkruimte—was dat bij nader inzien geen geval van escapisme en plichtsverzaking, van gebrek aan discipline en zelfbeheersing, altijd al mijn zwakte? Verschool zich, onmiddellijk onder de oppervlakte van mijn ogenschijnlijk zo opgeruimde humeur, geen depressie? Was ik misschien weer eens bezig mijn aanvankelijke opgeruimdheid te ondermijnen door het tijdstip waarop ik een nieuwe start had kunnen maken voorbij te laten gaan, door mijn nieuwe lei niet onmiddellijk in gebruik te nemen nu het ergste puin geruimd was? Heel erg vertrouwde ik het niet, allemaal. Want ik kende mezelf, als expert van de onmerkbare overgang—

wat natuurlijk ook een vereiste is voor het meer geslaagde zelfbedrog.

Het gevolg van mijn opruimwoede, na korte tijd al, was dat er overal nieuwe chaos ontstond: stapels daar waar geen stapels waren geweest, dozen die—voorlopig!—gevuld werden met de boeken die weg konden maar nog preciezer geselecteerd dienden te worden, et cetera. Maar dit was, zo hield ik me voor, een bekende fase bij het opruimen, juist als men de zaken fundamenteel durfde aanpakken.

Nu had ik tijdens de opruiming van het huis van mijn moeder zo af en toe een doos of een tasje gevuld. Met allerlei dingen die een kleine bres hadden weten te slaan in mijn besluitvaardigheid, of die ik zelfs resoluut van de ondergang gered had. Een tijd lang hadden die dozen en tasjes her en der zomaar ergens in huis gestaan, daar waar ze toevallig neergezet waren. Maar geleidelijk aan hadden ze zich op weg naar boven begeven, naar mijn zolder. Waar mijn opruimwoede vervolgens weer de grootst mogelijke chaos bewerkstelligd had, zodat de dozen en tasjes plusminus onzichtbaar waren geworden, opgegaan als ze waren in en achter de diverse stapels.

Soms viel mijn oog op zo'n tasje, en ritste ik er een open, benieuwd wat ik er—alweer een klein jaar geleden—in gestopt mocht hebben.

Vliegtasjes, noemde ik ze, de schoudertasjes van blauw canvas waarvan mijn ouders er vele bezeten hadden. Naar ik meende waren ze door royale reisbureaus of vliegmaatschappijen, hoe ging dat eigenlijk, verstrekt aan hun passagiers, die de tasjes daarop gedwee in gebruik hadden genomen. Misschien hoorden ze vooral bij de georganiseerde luxereizen, van het genre tuinen in Japan, waaraan mijn ouders op latere leeftijd zo veel deelgenomen hadden.

Aan dit tasje zat nog altijd een label, met blauwe vulpeninkt ingevuld door mijn vader: naam, adres, woonplaats. *GROUP MOVEMENT*, stond erboven. Aan de draagband van het tasje was een oranje lint geknoopt. Het zag er heel trouwhartig uit. Bij elkaar riepen die dingen een vluchtig beeld op. Van hoe een reisleider, een of andere beschaafde doctorandus, in een vertrekhal staat en op zijn oranje linten let, de herder van zijn schapen.

Ik ritste het tasje open. Geen flauw idee wat erin mocht zitten. Ah, ik zag het al. Dit was de inhoud van die ene la in de keuken. Met de kookboeken en de recepten.

Van alles had er in die lade gezeten: brochures, fleurige vouwbladen in kleurendruk van het type dat men gratis bij de groenteboer krijgt, de *Tip*, kranteknipsels, een groen schrift, een paar oude kookboeken, en dat alles had ik zonder onderscheid in het vliegtasje gedaan.

Misschien zaten hier de recepten tussen—ik hoopte het—van haar specialiteiten. Haar befaamde dikkoek die in een tulbandvorm rustig stond te rijzen naast de kachel, met een vochtige doek over zich heen; haar jachtschotel; haar mokkataart van lange vingers.

Zodra ze begon stond ik ernaast om toe te zien hoe ze mokkaroom roerde, in een glazen kom, en hoe ze de taart ten slotte laag voor laag opmetselde, met een lepel als troffel. Tot eindelijk de bovenste laag bereikt was, de deklaag, die voorzien behoorde te worden van gespoten versieringen. Daarna kwam mijn moment.

Eerst met een theelepeltje, vervolgens met mijn wijsvinger stond ik de glazen kom leeg te schrapen en leeg te vegen. Ik zie de patronen van de smalle scherpe lijnen, getrokken door de rand van het theelepeltje, lijnen die even later weer worden uitgewist door de brede veegsporen van het topje van mijn wijsvinger. Het glas wordt doorzichtig waar het lepeltje is geweest, maar de vinger maakt alles weer wazig. Ik sta naast haar aan het aanrecht, zij is vlakbij, ik lik mijn vinger, zij kijkt naar mij. Bijna zou een van ons iets kunnen gaan zeggen.

Ik herinnerde me de kruidkoek die ze voor mij gebakken had toen ik, achttien of negentien jaar oud, met een vriend naar Turkije ging. Een kruidkoek!

Of ik deze symbolische proviand achteloos, misschien zelfs korzelig in ontvangst nam bij vertrek, dat wist ik niet meer, maar het stond me helder bij hoe de kruidkoek mij en Henk D. vergezelde, twee etmalen in de trein naar Istanbul, en vervolgens—twee maanden lang—naar Troje, naar Pergamon, Ephesos, Halikarnassos, Priëne, Hiërapolis, Pamukkale, Konya, Kayseri, en verder oostwaarts tot en met het meer van Van, Antakya, Aleppo, de Zwarte Zee...

De kruidkoek: ik kan me niet herinneren dat ik ervan at, of dat mijn reisgenoot deelde in het genot. En of het zuinigheid was, of juist volmaakte desinteresse, dan wel onbesproken gêne, waardoor de koek—diep in mijn rugzak murw geworden van de vele verplaatsingen, van het schokken en stoten in laadbakken van vrachtwagens, boven op bussen, in kofferruimtes van personenauto's, en niet in de laatste plaats door het frequente gebruik van de rugzak als zitplaats en voetenbank, en niet te vergeten als hoofdkussen, als wij ons zomaar ergens in de open lucht uitstrekten om te gaan slapen—uiteindelijk groen uitgeslagen voor de dag kwam...

Achteraf zie ik in deze buitenlandse reis van de koek een eigenaardigheid terug van mijn moeder waarop mijn broer me wees. Zij had namelijk de gewoonte om als een van haar kinderen het ongeluk had een deel van het door haar geplande versnaperingenprogramma te missen, voor dat kind een schoteltje op het dressoir te zetten, als een soort van huisaltaartje waarop zij haar gaven deponeerde. Zodat het bewuste kind, eenmaal thuis teruggekeerd, gecompenseerd werd voor de schade opgelopen door afwezigheid bij de thee- en/of de koffieceremonie.

Zij kon zich kennelijk maar slecht voorstellen dat het leven elders, buiten het bereik van haar verordeningen, uit iets anders dan ontberingen zou bestaan. Misschien wilde zij voor zichzelf en haar kroost door middel van die schoteltjes wel uitdrukken dat er in feite slechts *één* ware plaats en *één* ware tijd bestonden.

Mogelijk had zij, met haar overtuiging dat er iets ingehaald diende te worden door het kind dat noodgedwongen achterop was geraakt (ik geloof niet dat mijn vader ook onder de regeling viel, maar volkomen zeker ben ik er niet van), zelf iets van een kind. Ik herken in elk geval een soortgelijke overtuiging bij mijn eigen kinderen: de middagthee, *met wat daarbij hoort*, geldt als een soort van onvervreemdbaar grondrecht, als een basisinkomen; alleen al de gedachte dat hieraan getornd zou kunnen worden doet in hen een boos vakbondslid ontwaken.

Kijk eens aan, *Honig's kookboek*. Dat ziet er veelgebruikt uit. Nooit eerder gezien. Zou zij hieruit, plusminus, hebben leren koken? Van wanneer is het precies?

Eind jaren dertig, of vlak na de oorlog? Ik zou meteen meer willen weten: bij voorbeeld wie de typograaf is geweest, niet alleen van dit boekje maar ook van de verpakkingen van Honig's artikelen, met die typische schreefloze letter—artikelen die uiterst kwistig, keer op keer, zijn afgebeeld, als een soort van vignetten.

Die verpakkingen herinner ik me. De Nederlandse keuken was er een van Honig, om zo te zeggen. Er kan geen huis zijn geweest of er moet het een en ander van Honig in de keukenkast hebben gestaan.

En wie mag de aquarellen en de tekeningetjes gemaakt hebben? Vier stillevens in kleur staan erin, verbeeldingen van de seizoenen. Hier, de lente. Linksboven groeit uit de hoek een bloesemtak de aquarel in, prunus, en onder de tak bevinden zich de drie gerechten: voor-, hoofd-, en na-. Het menu begint als het ware linksonder, met een donkergroene soep waarin iets drijft.

De maaltijd zet zich in noordoostelijke richting voort op een rechthoekig in twee vakken verdeeld bord met links glimmende worteltjes waarover iets gestrooid is, en rechts—keurig gescheiden door een opstaand randje—twee bergjes spinazie, gekroond door evenzovele plakjes gekookt ei. Dit waren dus de hoogst bescheiden ingevingen en suggesties van Honig.

Nu maakt de maaltijd een scherpe bocht naar links, waar een tulband staat, met al gesmolten suiker erop. Hier is de beschouwer bijna weer terug bij de lentebloesemtak van vertrek. Bijna. Want op de plek waar maaltijd en tak elkaar het dichtste naderen, daar staat als trait d'union een pak Honig's Zelfrijzend Bakmeel. Het verbindt de maaltijd met de tak, de keuken met het seizoen. En op het pak staat de tulband zelf weer afgebeeld, samen met een schaal oliebollen. Ook naast het bord groentesoep staat zo'n wachter: het prachtig geelgroene pak Honig's Groente Soep. En in het hoekje rechtsonder is nog ruimte gevonden voor drie bouillonblokjes en een bruin glazen flesje Honig's Aroma.

De compositie is werkelijk vernuftig. De drie borden staan in een wigvormige formatie die naar rechts wijst, en de hulpmiddelen van Honig in een dito formatie naar links.

Ik kan er maar niet genoeg van krijgen. Dit kookboekje, dat zo goed past bij de kleine keukens van de jaren vijftig, bij de saaie soberheid, bij de onversierde utiliteit, bij de nette armoe—ik zou het wel uit mijn hoofd willen leren, met plaatjes en al.

Hoe moet ik duidelijk maken dat wij precies zo'n soort schaal met deksel hadden als waar hier de boerenkool in ligt. En dat die jonge vrouw—met pofmouwtjes en op de rug gestrikt schort; die jonge vrouw die van de soep proeft, uit die grote soeplepel, het deksel houdt ze in haar rechterhand, de damp slaat eraf; hier, op deze bladzij staat ze alweer, bezig met beslag maken, voor een cake zeker, blote armen, bloemetjesjurk—ach, hoe moet ik toch duidelijk maken dat dat mijn moeder is, bezig met recept No. 13, Kruidkoek, haar allereerste, volgens het nog niet naar persoonlijke smaak vervolmaakte model.

Op de een of andere manier heeft ordeloosheid een homogeniserende werking. Allerlei voorwerpen die te voorschijn waren gekomen uit de diverse tassen en dozen en die ik, niet direct wetend wat ik ermee aan moest, aanvankelijk zomaar ergens neer had gelegd—'vooruit, hier dan maar even'—, hadden al snel een geheel eigen op niets gebaseerde honkvastheid ontwikkeld.

Ze waren onopvallend geworden. Ze waren deel gaan uitmaken van een nieuwe gevestigde wanorde die te zijner tijd wederom een complete mobilisatie zou gaan vergen, en het uitvaardigen van een nieuwe noodtoestand zou rechtvaardigen.

Dit verschijnsel beperkte zich niet tot mijn zolder. Overal in ons huis hadden bij voorbeeld nagelschaartjes hun intrek genomen. Zowel opvouwbare als gewone, in lederen foedraaltjes; en zakmesjes; en briefopeners, van been en metaal; en kammetjes, idem, in etuitjes; alles van de beste kwaliteit, en anders wel voorzien van een of andere al dan niet nog nader vast te stellen sentimentswaarde, god, er was geen eind aan gekomen, die reeks van vondsten en vondstjes op hygiënisch gebied. Op elke tafel in huis, op elk dienblad, iedere vensterbank bevond zich inmiddels wel het een en ander uit die onafzienbare schat.

Nu hebben schaartjes en mesjes en briefopeners, voor wie dat geloven wil, misschien nog een zeker evident nut. Althans, zij verleiden hun nieuwe bezitter maar al te gemakkelijk tot allerlei kleine, volstrekt nieuwe overtuigingen: dat hij, anders dan tot dusver, enveloppen voortaan in plaats van met zijn pink met deze briefopener zal openen; zonder zich daarbij overigens te realiseren dat een briefopener, hoe bescheiden ook, een opbergplaats behoeft. Terwijl hij zijn pink daarentegen altijd bij zich heeft.

De in ernst en zonder haast overwogen mogelijkheid om voortaan op meer dan een plaats in het huis te beschikken over een briefopener—nog zo een. Bij elk afzonderlijk voorwerpje kon ik me immers met gemak voorstellen een op dat ondergeschikte punt licht gewijzigd en aan de nieuwe omstandigheid goed aangepast leven te zullen gaan leiden. Zijn persoonlijke post kon men bij voorbeeld aan de keukentafel openen en lezen, op de begane grond, en zijn zakelijke post boven, in het werkvertrek.

Later pas zou het mij gaan dagen dat ik me ontfermd had over wat in feite al die tijd al een soort rusthuis was geweest, een repositorium van al meer dan eens gepensioneerde voorwerpen. Immers, al die schaartjes (*et cetera*) waren al eens eerder onweerstaanbaar geweest: de schaartjes van tante Bé vielen na haar dood toe aan tante Ritz, haar zuster en langjarige huisgenote. Later waren die van tante Tiets, haar zuster en serviceflatgenote, daar weer bij gekomen, en vervolgens had die hele verzameling koers gezet naar Den Haag, zich zoals altijd bedienend van de zwakke plek: mijn moeder; om zich na haar dood opnieuw van de zwakke plek te bedienen: mij, mij en mijn vrouw. Zoals water nu eenmaal de laagte zoekt, zo banen ook schaartjes zich een weg langs de geslachten der mensen, als—zo lijkt het haast wel—een geheel veruitwendigd soort van erfelijk materiaal.

Nu hebben schaartjes en mesjes en briefopeners zoals gezegd misschien nog een zeker nut. En anders weten ze zich wel staande te houden zonder enige andere rechtvaardiging dan hun fraaie of merkwaardige uiterlijk, en zetten zij hun leven enigszins onbestemd voort als een aparte categorie van kleine siervoorwerpen. Maar hier, op mijn bureau, ligt dus alweer maanden dat bosje sleuteltjes.

Met een bescheiden beslistheid zijn ze daar steeds terloops blijven liggen. Nou ja—met mijn passieve medewerking allicht, maar toch ook op grond van een geheimzinnig toegenomen zelfstandigheid. Eromheen heb ik van alles opgeruimd. Stapels zijn verplaatst van links naar rechts. Rekeningen zijn betaald, giroafschriften opgeborgen. Een knipsel is opgepakt, half doorgelezen, aarzelend weggegooid. Woordenboeken zijn teruggezet in kasten.

Maar die sleuteltjes. Ik zou niet eens meer weten hoe ze hier gekomen zijn... Meegekomen in een van de vele doosjes en kistjes uit Den Haag, als verstekelingen. Zal wel, ja.

Ik weet het: op een dag zal ik ze plotseling weggooien, zonder nadenken of verdere omhaal. Zoals een houten schutting jaren lang stilletjes kan staan rotten, maar staan, om dan opeens op een dag in te storten. Natuurlijk zal ik ze weggooien; geen twijfel aan. Als ze de hun toegemeten tijd op dit bureau hebben uitgediend.

Sleutels, nutteloze sleutels!

Zelfs nutteloos in het kwadraat. Want daarginds al ten onrechte bewaard, natuurlijk. Wie weet is deze hier bij voorbeeld wel een sleutel van die gigantische koffer met houten banden waarmee mijn vader in 1954 de Mispelstraat uitloopt, hij voorop, zijn gezin achter hem aan met de overige koffers. Wat is mijn vader sterk!

Daar gaat het gezin, te voet, met loodzware koffers, rechtvaardig—naar draagkracht—verdeeld over man, vrouw en kinderen, op weg naar de halte van de tram op de Laan van Meerdervoort. Tram met twee wagons en conducteur. Mijn vader ziet er al volop uit als toerist, in zijn plusfour, met daaronder zijn dikke grijze kousen. Mijn vader, die voor ons vijven betaalt, de machtige man met de portefeuille, die de situatie geheel onder controle heeft, die weet waar wij naar toe moeten, op welk perron van Station Staatsspoor de trein gereedstaat, onze internationale Bergland Express met couchettes! Hij is de man die de kaartjes heeft, Duits spreekt, weet waar wij uit moeten stappen, en hoe je in een trein kunt slapen. Wij hoeven alleen maar achter hem aan te lopen—zo eenvoudig is het om naar Tirol te gaan.

Tja, die sleuteltjes. *Tjes...* Met de beste wil van de wereld kan men dit geen sleutels noemen. Dwergsleutels zijn het, en de omstandigheid dat ze aan een gewoon formaat sleutelring zitten benadrukt hun onvolgroeidheid.

Maar wat liggen ze daar mooi.

Ik ben de bescheidenheid waarmee ze dat doen gaan bewonderen. In het maar heel korte ogenblik waarin ik ze misschien had kunnen weggooien, bij het uitpakken van de een of andere Haagse doos die op zijn beurt weer een kistje had bevat waar deze sleuteltjes in zaten, moeten zij een vaag en licht mededogen hebben gemobiliseerd. Ik had mezelf wijsgemaakt dat ik nog niet voor de volle honderd procent zeker wist of er misschien eentje bij zat die van mijn moeders weekendtas was, inmiddels in ons bezit. Maar vermoedelijk was ook dat louter een rationalisatie, ten behoeve van dat lichte medegevoel.

Een van het viertal, het grootste, van de beste kwaliteit, had misschien—de stijl van het ornament deed eraan denken—ooit gepast op een laatje van een bureau. Mogelijk het zware eikehouten bureau, dat de voorganger was geweest van het saaie grijze stalen kantoormeubel. Het eiken bureau was denkelijk ten offer gevallen aan de nieuwe strakheid. De strakheid die de schuifdeuren verjaagd had, en de kamerdeuren overal glad had gemaakt.

Ja, hoe langer ik naar dat sleuteltje keek, hoe overtuigder ik werd. Ik *wilde* natuurlijk graag dat het sleuteltje paste op het verdwenen bureau. Waaraan ik mijn vader welgeteld één maal had zien zitten. Of staan? Neenee, zitten. Mijn vader zat, met zijn stoel voor driekwart naar het bureau, een kwart naar mij, zojuist binnengekomen door de deur die bij mijn aankomst gesloten was geweest. En waarop ik, voor het eerst van mijn leven, had geklopt. Geklopt?! Absurd... Toch wist ik het zeker. Blijkbaar hadden wij allemaal, mijn vader, mijn moeder en ik, deelgenomen aan een zeldzaam clichématige voorstelling. We hadden het ook maar voor het eerst gedaan, nooit gerepeteerd, en het was een schamele vertoning geworden, naar aanwijzingen van een tweederangs regisseur. Volgens een inderhaast geïmproviseerd model van vaderschap—confectie, die bijzonder slecht had gezeten.

De studeerkamer, nota bene! Waar vader nooit maar dan ook nooit zat, ook al stond daar zijn pontificale bureau. Het enige wat hij daar wel eens deed was het halen van een envelop, of de pot met inkt, waarmee hij vervolgens naar beneden liep om er daar zijn pen uit te vullen.

Hij schreef veel, mijn vader. Artikelen in het *Tijdschrift voor Geschiedenis*. En hij was bezig een leerboek te schrijven, dat *Fundamenten en mijlpalen* moest gaan heten. Het was 'een nieuwe methode', dat had hij me uitgelegd, 'een semi-concentrische methode'. En daarvan was hij de uitvinder! Hij was zo knap, mijn vader. Maar aan zijn bureau, daar zat hij nooit ofte nimmer. Hij deed het beneden, in de huiskamer, aan de eettafel, op het dikke tafelkleed, wat me heel ongemakkelijk leek. Ontelbare malen heeft hij zijn pen daar gevuld. Zijn handschrift was vloeiend, heel kleine tamelijk dikke donkerblauwe letters, die bijna altijd allemaal volgelopen waren, tenminste de letters van het alfabet die daartoe voorbeschikt waren. De inktpot, waarvan het glas dat ooit kleurloos geweest moest zijn gelijkmatig blauwbewaasd was geworden, heb ik niet teruggevonden tijdens het opruimen van het ouderlijk huis. Gebroken zeker. Het was een elegante pot met bovenin een reservoirtje waarin als je de pot op zijn kop hield en snel weer omdraaide een beetje inkt achterbleef, voldoende voor het vullen van een pen.

Ook zelf moet ik, op de vulpengerechtigde leeftijd gekomen, van die pot gebruik hebben gemaakt; andere inkt was er niet. Het aanschaffen van een groengemarmerde pen, samen met moeder, in de kantoorboekhandel op de Vlierboomstraat, was een van de kleine evenementen geweest die de overgang markeerden van de lagere school (kroontjespen in penhouder) naar de middelbare (vulpen verplicht, ballpoint verboden). Niet alleen verboden, streng verboden was het, in die eerste jaren van de snelle opkomst van de ballpoint—van 'balpen' sprak nog niemand—, om voor proefwerken en schriftelijke overhoringen iets anders dan een vulpen te gebruiken. Over die balpennen, die iedereen al wel bezat, werd door de leraren met minachting gesproken: ze heetten inferieur, en slecht voor het handschrift. Ze waren ook nog niet erg best van kwaliteit, de inkt kon klonteren. Begin en einde van een proefwerk, dat was dus: een dop van een pen schroeven, en er weer op. (En nog een keer haastig eraf, om een allerlaatste twijfelachtige verbetering aan te brengen.)

Ik had geen notie waar het over mocht gaan toen ik, thuisgekomen van het spelen op straat, van mijn moeder te horen kreeg—bij binnenkomst al, op de granieten vloer van het halletje, alsof er geen seconde verloren mocht gaan—dat ik naar boven moest omdat vader mij wilde spreken. Zij fluisterde. Alsof de vijand zijn best deed ons af te luisteren. Naar boven? Had ze gezegd: naar boven? Ja, dat had ze gezegd: 'Naar de studeerkamer'. Op slag voelde ik mij een vreemde, in ons eigen huis.

De gedempte stem waarmee mijn moeder het gezegd had, haar blik erbij, hoogst merkwaardig was het allemaal. Vader werd alleen in extreme gevallen door haar te hulp geroepen. Een heel enkele keer gebeurde dat maar. 'Nou jongen, wacht maar tot vader thuiskomt...' Voor het overige berustte het ouderlijk gezag volop bij haar, of bij hen beiden, als hij terug was van zijn werk. Alleen als zij het naar eigen mening niet bolwerkte, of wanneer er wat moest zwaaien, kreeg vader plotseling deze positie van hoogste gezag toebedeeld. Maar tot dusver was de huiskamer altijd voldoende geweest, als achtergrond voor morele exercities.

Ik begreep dat ik schuldig was. Maar waaraan dan toch? Wat had ik gedaan waar straf op stond? Ik brak me het hoofd terwijl ik de trap opliep, de overloop over, naar de dichte deur van de studeerkamer.

Ik heb er niet het flauwste benul van, na al die jaren, wat hij nu eigenlijk tegen mij zei, daar op die studeerkamer. Hij moet toen ongeveer even oud zijn geweest als ik nu ben. En ik moet, zoals mijn oudste dochter nu, in de eerste klas van het gymnasium hebben gezeten. Of, zoals mijn jongste dochter, nog net op de lagere school—ik weet het gewoon niet.

Ik zou niet weten hoe ik dit voorval moest dateren.

Het staat compleet los. Niet van een klein aantal vergelijkbare gebeurtenissen, maar van de rest van het leven. Daarmee is het in zekere zin onvindbaar geworden. Het betrof namelijk datgene wat overal buiten stond en geen naam had. Op de een of andere miraculeuze manier waren mijn ouders erin geslaagd om het spreken over het geslachtsleven geheel en al te vermijden, en om zelfs geen beschikking te hebben over woorden waarmee men dat zou kunnen doen.

Waarschijnlijk komt het daardoor dat de herinnering aan het voorval half weggeradeerd is, namelijk dat deel van de herinnering dat zou moeten betreffen wat mijn vader in feite tegen mij zei. Of liever: de herinnering heeft, nauwkeurig en wel, het gat intact gelaten waarin de woorden van mijn vader verdwenen moeten zijn.

Het ogenblik waarop ik, rudimentair, door een vriendje was ingewijd in het feit van 's mensen sexualiteit—nog met een *x*—kan niet lang achter mij gelegen hebben.

Terwijl wij over de Mient liepen, uit school vandaan en op weg naar huis, vertelde Kees van A. mij hoe de vork in de steel zat, en hij deed dat volstrekt sober. Daaraan kan het niet gelegen hebben dat het niet eens bij mij opkomen kon om me te verdiepen in de bijzonder kleine mogelijkheid dat er een kern van waarheid in zijn woorden stak. Ik meende deze volslagen absurde gedachte van hem—krankzinnig eenvoudigweg! en wat ontzettend dom van hem om daar zomaar geloof aan te hechten!—, ik meende dat hele idee van hem eens en voor al doeltreffend te kunnen weerleggen door een enkel volstrekt overtuigend tegenvoorbeeld:

—En Koningin Emma dan?

Wat mij betrof waren we hiermee uitgepraat, en het

deed me genoegen dat mijn kortaffe tegenwerping zijn overtuigdheid van het feit van de voortplanting inderdaad aan het wankelen leek te brengen. Zo, die hield zijn mond.

Dit ogenblik—van mijn voorlichting op de Mient—lag al wel achter me, maar nog niet verschrikkelijk lang.

Blijkbaar had ik het gevaar in een oogopslag overzien. Immers, als alle mensen op zo'n vleselijke manier ter wereld waren gekomen als mijn vriend op de Mient beweerde, nou, dan hoefde ik mij niet zozeer zorgen te maken over Koningin Emma, dan loerde het gevaar een stuk dichterbij. Dichter bij huis, wel te verstaan. Maar die gedachte, die mijn vriend in deze grove vorm niet gedebiteerd had, namelijk dat ook onze eigen ouders, meer speciaal de mijne, zulke dingen zouden hebben gedaan, en dat wijzelf daar nota bene ons bestaan aan te danken of te wijten hadden, die gedachte was het nu juist geweest die mij zo prompt naar het indruk makende voorbeeld had doen grijpen.

Het was hierna, na de Mient. Maar lang voordat dezelfde vriend—hoe had mijn leven toch moeten verlopen, zonder hem?—me ingewijd had in het zogenaamde aftrekken, ook wel rukken. *Terminus post quem*: de voorlichting op de Mient, *terminus ante quem*: de sessie op mijn zolderkamer; die gedenkwaardige sessie, met de ernstige zakelijkheid van een laboratoriumproef.

Hij deed het voor, en ik kon mijn ogen niet geloven: daar haalde hij zijn jongeheer voor de dag, op de een of andere manier deed hij alles buitengewoon rustig en netjes.

'Kijk,' zei hij met zijn wat neuzelige stem, 'nu denk

ik aan naakte vrouwen.' Ik hield het oog gevestigd op zijn grappige tamelijk donkerbruine slurfje, heel anders dan het mijne.

'Dan wordt ie stijf en dan doe je zo.' Hij had de vier toppen van zijn duimen en wijsvingers rond het schachtje van zijn geslacht geplaatst en bewoog ze in een verbluffend hoog tempo op en neer terwijl wij beiden zomaar ergens stonden in de niet zo grote ruimte tussen mijn boekenplanken en mijn bed en heel kort erna hield hij alweer op en liet het mij zien, een kwakje, niet ongelijk gelei of eiwit, dat hij nu met een tweetal wc-papiertjes die hij al uit zijn broekzak te voorschijn had gehaald begon te verwijderen.

Maar ik wist wat dat betrof nog van niets toen ik mijn vader aan zijn bureau zag zitten. Boven hem hing het portret van zijn eigen vader, mijn Friese grootvader, die eruitzag als de god van het oude testament, met zijn indrukwekkende baard.

Naast het portret van mijn Friese grootvader hing mijn vaders doctorsbul, met aan het blauwe lint in rode lak het zegel van de Vrije Universiteit. Hij zat half naar mij, half naar zijn bureau toegekeerd, en laat middaglicht viel door het glas-in-loodraampje aan de straatkant op zijn bureau, waar het boek *Helleense Mythos* opengeslagen voor hem lag.

Hoe door en door onbetrouwbaar het geheugen is, zelfs in die mate dat het lijkt te willen spotten met het idee zelf dat men zich het verleden zou kunnen herinneren zoals het geweest moet zijn, blijkt wel hieruit dat ik mijn vader zie zitten aan het *grijsstalen* bureau dat hij kocht toen ik het huis allang uit was. Een collage is de herinnering, van een min of meer gelukte realistische jonge(re) vader, aan zijn veel te jonge bureau. Maar wat ik ook probeer—volgende dia!—, de gezochte dia (van hem aan het enig juiste bureau) wil maar niet komen.

Ik sloeg geen acht op het bureau, natuurlijk niet, wat kon mij dat toen schelen. Ik keek naar dat boek. Geschreven door die mevrouw met bijna net zo'n naam als die van ons.

Suys-Reitsma, heette ze niet Suys-Reitsma? Vreemd, die naam. Of was het Suijs, met puntjes? Hier heb ik het. Meegenomen uit de Mispelstraat. Jawel, geschreven met een i-grec.

Het was een boek van mijn vader, dat hij bij zijn lessen placht te gebruiken. Hij las eruit voor, om de kinderen uit het Westland—het waren bijna allemaal goedchristelijke kinderen van de tuinders uit de glasbouw die bij hem op de Hogere Burger School zaten—hun portie van de mythologie bij te brengen.

Maar dat wist ik nu juist niet, dat hij het gebruikte. In de studeerkamer, waar een grote boekenkast stond, deed ik wel eens kleine onderzoekingen. Op de grond lag ik te bladeren en te lezen. In *Knaur's Konversations Lexikon* bij voorbeeld wist ik een plaatje te staan, niet groter dan een postzegel, dat 'de Venus van Milo' heette. Zeker een beroemde beeldhouwer, die Milo. Het boek was niet groot, en elke bladzij was verdeeld in twee dichtbedrukte kolommen. Ik kende nog geen Duits, behalve dan het zogenaamde Duits dat ik in

Oostenrijk sprak, op de boerderijen waar we de grote vakanties doorbrachten.

In dezelfde kast moet ik *Helleense Mythos* gevonden hebben. Er stond een tekening in die mij boeide, van een Griekse godin. Ik kende het verhaal niet, maar het verhaal kon me ook niet zoveel schelen.

Het was een tekening, op een hele linkerbladzij, van een vrouw in zee. Zij had heel lange haren die, als ze recht omlaag zouden vallen, tot ver over haar billen zouden reiken, misschien wel tot kniehoogte, of zelfs nog verder, tot halverwege haar kuiten. Maar ze vielen niet recht omlaag. Ze kwamen in een zigzag van krullen langs haar rechterarm gestroomd, ze stroomden van haar weg, en helemaal aan het eind gingen ze over in de lijnen en lijntjes van de kop van een golf. Haar haren stroomden terug in zee, leek het wel.

Ze waren van zee, haar haren. Ook haar benen kwamen uit zee.

Ze hield beide armen omhoog, en onder haar armen, direct onder haar armen, wezen haar kleine borsten naar weerskanten, hoge kleine borsten had ze, even hoog als haar oksels. Twee aparte borsten, één uiterst links, één uiterst rechts, met niks ertussen; daar zou nog wel ruimte hebben gezeten voor een derde borst. Haar linkerhand raakte de bovenkant van het wit rond de tekening.

En vanaf die ene uitstekende hand, rechts boven, verliep haar lichaam langs een lijn naar links onder, waar haar rechterbeen in het water verdween. In een dwaze sierlijke beweging liep die ene lijn langs borst en lange, lange heup en dij en knie en kuit het water in waardoor zij waadde, water dat hevig aan het kolken en het schuimen was.

Zoals er ook een lijn liep vanaf de andere arm, langs de andere borst, en de navel, en weer zo'n heup en dij en kuit. Als zij haar linkerbeen niet had gehad, zou ze een Griekse Y hebben gevormd. Maar met dat been erbij was het een X, nu ja, niet zo'n mooie X, maar toch een X. Midden in die X bevond zich haar navel, en een eindje daar weer onder, precies boven de plek waar haar benen uiteengingen, daar zat een driehoekje, of een liggend half maantje, van haar. Het was mijn eerste driehoekje of maantje van haar. Nee maar, zag dat er zo uit.

Zij kwam er anders wel vreemd aan gedanst, die vrouw, alsof ze de zee in rende en bijna viel, misschien dat ze daarom haar armen omhoog stak. Maar waarom keek ze niet voor zich? Waarom moest ze nou zo raar omlaag en opzij kijken? Op de rechterbladzij stond de titel van het hoofdstuk: ECHTBREKER ZEUS, VERHEVENSTE DER GODEN. *Kronos viel hem aan, doodde hem niet, want Ouranos was onsterfelijk, maar verminkte hem verschrikkelijk. Wijd in het rond spatte het goddelijk bloed van Ouranos, dat voor een deel in de bruisende zee terechtkwam. Hoog schuimde de zee,* aha, daar ging het dus over, *hoog schuimde de zee en uit het schuim groeide het wonder, de schoonste, de liefelijkste van alle godinnen, die later de Olympos zouden bewonen, Aphrodite; zij, de uit Schuim Geborene, richtte haar goddelijke voetstap naar het eiland Cythera en daarna naar Cyprus, waar zij aan wal ging en onder haar voeten bloeiden de weiden met bloemen.* Blijkbaar kon zij net als Jezus over water lopen.

Pas toch op dat je niet valt, Aphrodite. Dit was niet iemand om u tegen te zeggen. Dit was bijna een meisje nog en toch al een vrouw. Ik moest onthouden hoe ze eruitzag, hoe de lijnen van haar lichaam precies liepen, hoe mooi ze was.

Ik nam potlood en papier, dat ik op de rechterbladzij legde, en begon haar na te tekenen. Moeilijk was dat. Ik legde het papier op de linkerbladzij, de tekening zelf, en probeerde de godin over te trekken, maar omdat het papier te dik was moest ik het steeds opnieuw opnemen, eronder kijken hoe de lijnen nu eigenlijk liepen en waar precies de stipjes van de tepels stonden, om het papier vervolgens weer zo goed mogelijk boven op haar te leggen. Ik had niet eens gemerkt dat ik met mijn potlood moeten had achtergelaten in het papier van het boek, op allebei de pagina's.

Of die het nou waren geweest, die mijn vader ontdekt had? Dat zal toch haast niet. Het wordt toch al te dol, te moeten aannemen dat mijn vader, als een Sherlock Holmes van de ontluikende sexualiteit van zijn zoon, met zijn vergrootglas de potloodindrukken, de moeten, de voren rond en naast Aphrodite op het spoor is gekomen? Zo krankzinnig was vader nou ook weer niet. Op zijn manier was hij wel degelijk een volwassen man geweest. Hij was alleen maar, in sommige opzichten, de gereformeerde kleinburger van dag en seizoen, van jaargang en eeuwhelft.

Waarschijnlijk had ik mijn tekening in het boek laten liggen.

Vooruit, laat dit dan maar de herinnering zijn: dat het *corpus delicti*—boek plus tekening—open en bloot op het bureau van de vader lag, dat de zoon ernaar keek, en zich begon te schamen, zonder enig idee waarvoor of waarover dan wel: hij oefende zich alvast in een schaamte die hij metterdaad nog niet eens ervaren had, een schaamte zonder inhoud, die alleen nog maar vorm was. Of liever, hij trok zijn schaamte als het ware al op, zoals een architect een stad tekent—vanzelf zouden de wijken en de huizen en de straten van zijn schaamte bevolkt raken en bewoond worden.

Misschien luisterde hij wel zo'n beetje naar wat zijn helemaal niet onvriendelijke vader voorzichtig tegen hem zei. Maar begrijpen deed hij er niets van, geen enkel woord. Hij begreep alleen dat iets wat hij in volle onschuld gedaan had te maken had met iets dat pas later zijn deel zou zijn, iets wat zijn vader kennelijk nu al met grote bezorgdheid vervulde, en waarvoor hij hem wilde waarschuwen. Maar het enige dat hij, de zoon, nu volkomen zeker wist was dat hij in deze kamer nooit meer een godin zou overtrekken—nooit meer, in deze kamer noch een andere.

Hier liggen ze dus, die sleuteltjes.

Kijk, dit is het oudste. Dat andere is ook nog tamelijk degelijk en elegant. Deze twee zijn van veel minder allooi. De fabrikant heeft er al niet meer in geloofd, dat is te zien. Ik maak een schetsje van het bosje.

Ja, zo verpoost zich de ziel een ogenblik met het maken van een tekeningetje, van sleutels die, sinds lang verstoken van het slot waarop ze pasten, verscheidene kleine reizen hebben gemaakt, van Rotterdam naar Breda, wie weet zelfs nog uit Indië naar Breda, en vandaar naar Den Haag, en van Den Haag naar hier, waar ik het binnenkort zeker over mijn hart zal kunnen verkrijgen om ze met een kleine zwaai in de prullenbak te laten vallen die al die tijd al vlak onder hen heeft gestaan.

Daar staat 't, het stofdoekenmandje. Met zijn diverse doeken en doekjes, zijn borstels en kwastjes die ik weet niet waarvoor gediend mogen hebben: kozijnen, roeden van ramen, vensterbanken, schoorsteenmantels, planken van boekenkasten, dressoirs en theetafeltjes, bijzettafeltjes en rooktafeltjes; schilderijlijsten, lampekappen, stopcontacten; plinten, randen, gleuven, richels, zichtbaar en onzichtbaar; voorts allerlei onbenoembare houten en metalen en stenen holten en uitsparingen, alleen door mijn moeder gekend in het huishoudelijke en meubilaire landschap met zijn vlaktes, zijn glooiingen en verheffingen, zijn kloven en spelonken, bestemd om haar en haar stofdoekenmandje een nooit eindigende vaste ronde te laten maken door het huis.

Het lijkt erop dat het stofdoekenmandje, na lang rondgezworven te hebben over mijn zolder, voorlopig tot stilstand is gekomen—of zelfs definitief domicilie heeft gekozen op de djatihouten kist van tante Ritz, de kist waarin zij haar goed bijgehouden familiearchief bewaarde. Zij was de zelfbenoemde archivaris. Aan haar papieren kan ik zien dat zij ermee begonnen moet zijn in het jaar dat haar moeder stierf.

Omdat die kist onder het raam staat waar ik me pleeg te scheren—de spiegel in gevaarlijke balans boven op het schuiframpje—ligt mijn scheerapparaat meestal boven in het stofdoekenmandje. In die volkomen toevalligheid zit iets dat me wel bevalt.

Het vaak niet al te prompt en al te zorgvuldig door mij geleegde apparaat verzamelt en herbergt immers een niet gering deel van mijn persoonlijke dagelijkse lichaamsafval, het fijne baardstof, dat eenmaal uitgewolkt en neergedaald niet meer te onderscheiden is van welk stof dan ook.

Grijs is de overeengekomen kleur van alle stof. Waarom eigenlijk grijs, dat zou ik niet weten. Maar het is een onmiskenbaar feit dat alles waaruit het leven verdwijnt zijn kleur ten slotte verliest. Grijs wordt het onherkenbaar bijprodukt, het residu van al onze inspanningen en verrichtingen. Het is de schutkleur van alles wat er ongemerkt afvalt en afslijt, afscheurt en afrafelt: haar, huid, textiel, hout, zeil, papier, metaal, steen.

De voetstap en de drempel. Het ene been dat over het andere geslagen wordt. De steeds weer neergeplante elleboog (die van de hand welke de kin moet ondersteunen van de denker). De letters op het houten potlood die wegslijten. De rand van het stofomslag van het woordenboek. Het glas in mijn bril. De stoel die achteruitschuift bij het opstaan. Het koord waaraan het contragewicht van het luik hangt, krijsend over zijn katrol schietend zodra het luik omhoog gaat en het gewicht omlaag komt.

A Woman's Work Is Never Done, zo heette het boek dat ik mijn moeder een keer cadeau had gedaan voor haar

verjaardag. Het was een geschiedenis van het huishouden. De keuze kwam voort, zoals nog blijken zou, uit
een misschien wat al te zwaar belast ensemble van over-
wegingen.

Het was haar eerste verjaardag 'alleen', na de dood
van mijn vader, die na zijn pensioen nog maar zes jaar
geleefd had. Ik wilde er onnadrukkelijk blijk van geven
hoe erkentelijk, voor al dat huishoudelijke werk van
haar waarvoor ik als jongen zo'n nauwelijks verholen
verachting had gevoeld, ik zo langzamerhand was. Ook
wilde ik tot uitdrukking brengen hoe vreemd ik het
was gaan vinden dat zij nooit gepensioneerd was, en
dat het jaar waarin zij vijfenzestig was geworden wat
dat aanging geruisloos gepasseerd was, terwijl er van
mijn vader pontificaal afscheid was genomen, als rector
van zijn school. Het prachtige gouden horloge om zijn
pols en de op zolder hoopvol opgestelde hometrainer
hadden de meer en de minder gebruikelijke dankbaar-
heid van de school belichaamd.

Misschien besloot ik, juist om mijn aarzeling te
overwinnen—want was dit boek, *A Woman's Work*, er
nou wel een waarvan zij echt plezier zou hebben?—,
dat het ook een goede keus was, omdat mijn moeder
juist in die tijd haar Engels weer had opgenomen, wat
ik voor een dame van zevenenzeventig indrukwekkend
vond.

Hoe dan ook, zij deed haar best het te lezen, maar
meeslepende lectuur werd het kennelijk niet. De bladwijzer schoof heel langzaam op.

—Het is gerust wel interessant hoor. Maar er staan *zo*
veel woorden in die ik op moet zoeken...

Zoals een aantal andere cadeaus van haar kinderen was ook dit geschenk tijdens het opruimen teruggekeerd naar zijn gever. Voorin had zij—zoals ze altijd deed— geschreven van wie en bij welke gelegenheid ze het boek had gekregen.

Ik sla het open waar haar bladwijzer ligt en zie met-een wat ze toen bedoelde, met dat opzoeken. Het we-melt in dit boek van gebruiksvoorwerpen en werktui-gen zo antiek en obscuur dat zelfs de namen sinds lang in onbruik moeten zijn geraakt, in welke taal dan ook. Ik leg de bladwijzer terug op zijn plaats en sta met het boek in mijn handen. Ik weet niet eens wat er in het stofdoekenmandje zit.

Het stofdoekenmandje, dat ik in een opwelling—een allerlaatste—mee had genomen uit de grote opruiming van het ouderlijk huis. Het moet op de laatste of voor-laatste dag zijn geweest, toen er beneden alleen nog een wonderlijk allegaartje gestaan had.

Hier op mijn zolder is het mandje zoetjesaan onop-vallend geworden. Het heeft zich gevestigd, en binnen-kort zal ik het misschien niet eens meer opmerken. Maar vandaag wil ik het plotseling weten. Wat erin zit.

Ik sta op en plant het voor me neer. Kijk eens aan, dat is het dan, met zijn twee allervriendelijkste hand-vatjes. En nog altijd in voortreffelijke staat. Daar begint zich de inhoud van het mandje al uit te spreiden over mijn werktafel, oude geuren stijgen op, en het blad van de tafel wordt weldra onzichtbaar onder:

> —een goede kwaliteit meubelborstel, met twee soorten haar, grijs rondom, zwart in het midden;
> —een langwerpige beige ribfluwelen lap, naar alle

waarschijnlijkheid afkomstig van een pantalon;

—een lila katoenen lap, afkomstig van hetzij een rok, hetzij een pyjama;

—een wollen doek, voor zover bekend een deel van een sjaal, met oranje en kastanjekleurige meubelwasvlekken;

—een blik Peli antiekwas voor donkere houtsoorten;

—een blik 'echte drogistenwas', van het merk ERK, 'alleen verkrijgbaar bij H.H. Drogisten', leeg op een streepje was in de verzonken rand na, welk streepje wellicht nog met een lucifer uitpeuterbaar is;

—een goede kwaliteit rond kwastje;

—een plastic fles brandspiritus;

—een doosje, klaarblijkelijk verstrekt door een Japans hotel, inhoudende een tandenborstel met drie dwergtubes van elk drie gram versteende tandpasta;

—een halve mouw, van blauwe gebreide wol, op één plaats gestopt met iets lichtere wol, twee mottegaten;

—een witte katoenen doek, feitelijk de helft van een doormidden geknipte onderbroek, voor inwrijfwerk, met sporen in drie verschillende kleuren van zowel gele als bruine was;

—diversen, onderin: een harmonikaatje scheermesjes, in voortreffelijke staat, een leren riempje, een kurk, een stompje kaars, een stekker, een korte zwarte schroevedraaier, een wit schoolkrijtje, een potlood, een stukje zeep van onwaarschijnlijke dunheid, een plastic paardje waarop in de jaren vijftig een cowboy geplaatst kon worden, een touwtje, veiligheidsspelden, paperclips, schroeven, alsmede talrijke losse scheermesjes van de firma Herder te Solingen.

Grote delen van de rest van je leven zou je misschien wel bladerend kunnen doorbrengen. Bladeren, dat geeft glimpen te zien, doorkijkjes, *tranches de vie*, zo terloops, gedetailleerd, lukraak dat het soms de adem in je keel doet stokken. Je voelt het begin van een heel groot begrip—dat je goddank niet hoeft te vervolgen tot in zijn verste uithoeken. Zodat het rijpe overzicht, met zijn voorzichtigheid die voortvloeit uit een omvattender kennis, je bespaard blijft. Want te veel kennis van de eindeloze hoeveelheid grijzen streef je niet na. Je moet geen tijdgenoot worden van dit verleden dat jou nu heel even exotisch en ver voorkomt, maar jou maar al te gauw terneer zou drukken. Nee, bladeren, dat is beter dan lezen. Het komt in de buurt van het beoefenen van de vederlichte wijsbegeerte, die de kunst van het vlietende leven is, de enige die werkelijk telt.

Het onaanzienlijke kleinood waarin ik blader is afkomstig, andermaal, uit wat ik in mijn tijdelijke kwaliteit van oudhistoricus van het huishouden mijner ouders 'de witte lade' ben gaan noemen: de voorheen bovenste lade van het losse kastje dat naast het fornuis stond, welk kastje zeer diverse zaken bevat had zoals schoensmeer en poetsdoeken, thee en koffie, kruiden en kookboeken.

In deze laden had zich een soort kern van benodigdheden verzameld, een bescheiden greep uit wat vroeger op allerlei plaatsen in veel groter omvang en verscheidenheid voorhanden was geweest. Een laatste samenballing, parallel aan de krimping die zich ook had voorgedaan in de hoeveelheid door mijn moeder benutte woonruimte—ze nam steeds minder plaats in beslag. Haar actieradius was heel klein geworden.

Deze witte lade—die, naarmate ik er meer schatten in had aangetroffen, steeds meer 'de witte lade' was *geworden*, in plaats van zomaar een utilitair ding zonder naam te zijn—had tot mijn verrassing ook een groen schoolschrift bevat met een wit etiket waarop in het onmiskenbare handschrift van mijn vader de min of meer gekalligrafeerde woorden *Huishoudelijke Voorschriften*. In de twee hoofdletters van kennelijk eigen ontwerp was een runenachtige ornamentiek aanwezig die tegelijkertijd door de Nieuwe Zakelijkheid heen gegaan leek te zijn.

Het schrift, te voorschijn gekomen uit het vliegtasje met de kookboeken, bleek een vademecum te zijn van uit kranten en tijdschriften geknipte huishoudelijke tips, eigenhandig gealfabetiseerd volgens een methode die ik me herinnerde ook zelf wel toegepast te hebben, als jongen.

Zij bestond hieruit dat men met een schaar van elke voorliggende rechterbladzij een strook wegknipte, aan de lengtekant, van één à anderhalve centimeter, waarbij echter steeds een flapje papier moest worden uitgespaard om plaats te bieden aan de in de kantoorboek-handel reeds gekochte plakletters. Voor de *A* moet bijna de hele rand weggeknipt worden, voor de *M* de helft, voor de *Z* niks.

Goud op zwart waren de plakletters die mijn vader gebruikt had.

De twee beginletters van de woorden waar het in het desbetreffende knipsel om draaide, had hij bijna steeds met een rood potlood onderstreept. Het schrift liep van *al*uminium pannen met brandvlekken tot zoutvlekken op *zi*lver, en vettig geworden *ze*emlappen.

De knipsels vertoonden allerlei gradaties van vergeeldheid. Al gaf dat ene woord *geel*, strikt genomen, de aard van de schakeringen niet goed weer. Sommige knipsels tendeerden eerder naar oranje, andere meer naar groen, en een minderheid, gedrukt op wat beter—deels nog altijd glanzend—papier, zweefde tussen wit en bruin.

Voor mijzelf ben ik het schrift op den duur het vlekkenschrift gaan noemen: een juistere benaming dan *Huishoudelijke Voorschriften*. Want naar mijn idee—een nader onderzoek van de kleine tweehonderd knipsels zou het kunnen uitwijzen—was het hier allereerst om de vlek begonnen.

Misschien is er wel geen tijd geweest waarin op zo grote schaal en zo dagelijks is nagedacht over de vlek. De dingen—de regenjas, het ontbijtlaken, het linoleum, het schrijfbureau, de waterketel—moeten onder voortdurend toezicht hebben gestaan. Misschien zijn mensen nooit zo trouw geweest, zo gebonden, zo onderworpen zelfs aan hun gebruiksvoorwerpen, als in deze periode.

Het is de tijd van zorgvuldige reparatie, 'onzichtbare' stoppages, tweede en derde gebruik, van 'je weet maar nooit waar je het nog eens voor nodig hebt', van gestadig en nooit eindigend onderhoud, vindingrijkheid, tips, en rubberen overschoenen. Een olijke zegswijze, die ook een diepe vrees belichaamd moet hebben, luidde: 'Zuinigheid met vlijt bouwt huizen als kastelen, maar wie zich niet op tijd verschoont krijgt luizen als kamelen.' Zuinigheid, vlijt, plichtsbetrachting: allemaal dagelijkse pasmunt.

Ik zong de lof van het bladeren. Maar ik moet bekennen dat ik heel veel heb gelezen in dat schrift. Dat ik verzonk, keer op keer, in de wereld van die knipsels. Je kon denken dat ik eindelijk thuis was gekomen.

Ik zou zeer wel de filoloog kunnen zijn van het vlekkenschrift. Want wat zou ik wel niet allemaal willen weten:

(*a*) uit welke bronnen deze knipsels afkomstig zijn; aan de hand van de gebruikte papiersoorten en letterkorpsen moet het immers mogelijk zijn te achterhalen in welke kranten en tijdschriften de huishoudelijke rubrieken en vraagbaken te vinden waren waaruit mijn vader, raadselachtiger nagedachtenis, het schrift heeft kunnen samenstellen—*Het Krommenieëertje* bij voorbeeld, ik mag hangen als dat geen flinke partij meeblaast in dit schrift, waarschijnlijk ook het dagblad *Trouw*, de *Libelle*, het prot.-chr. weekblad *De Spiegel*, en misschien *De Typhoon*, dagblad voor de Zaanstreek;

(*b*) of het mogelijk is met nadere precisie te dateren van wanneer tot wanneer de knip- en plakactiviteiten zich hebben uitgestrekt (maar natuurlijk is dat mogelijk!);

(*c*) of dit schrift in hoofdzaak uit de eindfase van mijn vaders vrijgezellentijd stamt dan wel naderhand is bijgehouden en/of verder uitgebouwd mede door mijn moeder—een onderzoek naar vingerafdrukken zou hier wellicht uitsluitsel kunnen verschaffen;

(*d*) hopelijk kan datzelfde onderzoek tevens aanwijzingen opleveren aangaande het daadwerkelijk gebruik van het vlekkenschrift: is het beduimeld, en zo ja door wiens of wier duim? en: wat waren de vaakst opgezochte vlekken—de essentiële vlekken? want met mijn studie van het vlekkenschrift zou ik natuurlijk de aanzet willen geven tot:

(*e*) een nadere bestudering van een belangwekkend hoofdstuk uit de cultuurgeschiedenis van de vlek.

Vuile sponzen. Slapgeworden strohoeden. Vastzittende stopjes van flessen. Gelatine in muiskleurig tapijt. Aanslag in theepot. Ietwat geelgeworden ivoor. Omkrullende tapijten. De behandeling van nieuwe tandenborstels. Versche inktvlekken. Orgel- en pianotoetsen. Weervlekken in cretonnen gordijnen. Doffe plekken op licht verfwerk. Gelig en stoffig geworden kaarsen. Mottenplagen. Zwart marmer. Vliegevuil. Langere levensduur voor schoenzolen. Zoutvlekken op zilver. Kraagjes van peau de suède—er is geen eind aan.

Peau de suède laat zich heerlijk reinigen met een doorgesneden rauwe aardappel. Dit soort dingen lees ik, langzaam en met alle zintuigen, alsof het om poëzie zou gaan. Ik lees het alsof ik het nooit meer wil vergeten, en ik vergeet het weer. Want het is te veel, het is te compact, te weerbarstig, er is geen beginnen aan. Maar het ontroert me op een vreemde manier. Neem dit hier bij voorbeeld: ik heb het gevoel dat ik dit maar beter goed in mijn oren kan knopen, dat ik dit niet grondig genoeg tot me kan laten doordringen: *Wanneer de punt van een machinenaald ietwat minder scherp wordt, haalt men het garen eruit en stikt meerdere malen over een stuk schuurpapier, waardoor de naald aanmerkelijk scherper wordt.*

Zo zit ik te lezen, en houd niet op me te verbazen. Over het getob. De eenvoud en de armoe. De opgewekte toon van al die hoogst bewerkelijke tips. De tijd, waarover men blijkbaar in onafzienbare overvloed beschikte. Het kennelijk drukke circuit dat er bestaan moet hebben, van mondelinge en schriftelijke overlevering van vlekkenkennis. Het feit dat men er overduidelijk een eer in stelde, een vraagstuk aan te dragen. Wat men allemaal had, aan zijden, flanellen en andere doekjes; aan stalen en rubberen borsteltjes; aan geheimzinnige stoffen, lijnolie en loodazijn, indigo en schellak, aluin en wolvet.

Een heel scherpe grens loopt er voor mij tussen Den Haag en Krommenie: als perioden. In Krommenie is de tijd voor altijd stil blijven staan. Den Haag is de plek waar de moderne tijd zich langs lijnen van geleidelijkheid, in de vorm van steeds meer apparatuur, is komen nestelen ook in ons huishouden. Tussen Den Haag en Krommenie, daar ligt de waterscheiding.

Krommenie, dat is de tijd van het grote *nog niet* en *nog geen*—nog geen telefoon, nog geen douche, nog geen ligbad, nog geen wasmachine, nog geen ijskast, nog geen auto, nog geen televisie. Het is de prehistorie. Daarom ben ik zo ontzaglijk blij met het schrift dat ik gevonden heb. Want het vlekkenschrift, dat is: Krommenie.

Ik herinner me de losse melk, die 's zomers direct na aankoop gekookt moest worden, bah wat was dat vies. In de rest van het jaar kwam het regelmatig voor dat *zij*, melk was nog van het vrouwelijk geslacht, tegen het bederf aan zat.

Ik herinner me hoe mijn moeder de room eraf schepte, heel voorzichtig, anders waren de drie, vier millimeter die na verloop van tijd boven waren komen drijven zo weer verdwenen in de melk. Ik vond het altijd teleurstellend weinig room voor al haar moeite.

Ik herinner me de komst van de allereerste wasmachine, een goedaardige houten kolos op drie poten. Een forse tobbe in feite, met een doorsnee van zo'n zeventig centimeter. Uit de onderzijde van het afneembare deksel stak een drietal bladen, misschien ook van hout, loodrecht omlaag. Die bladen, die wel wat hadden van roeiriemen, gingen aan hun draaiende werk zodra een enorme zwarte stekker, aan het einde van een dikke rubberen kabel, in het stopcontact gestoken was. Eigenlijk draaiden ze niet—ze wentelden: heen en weer, heen en weer, tamelijk traag, dat was alles wat ze konden. De tobbe moest met behulp van emmers, meen ik, gevuld worden. Met water dat eerst elders op temperatuur gebracht was. Dat gebeurde dan vermoedelijk met zo'n enorme zinken ketel met deksel, op een gaskomfoor dat op de grond stond. Scherper weet ik het niet meer, het kan zijn dat er beelden uit beide perioden, Krommenie en Den Haag, een huwelijk zijn aangegaan. Ik ruik de weeë geur. Maar het gat in de prehistorische houten tobbemachine, dat zie ik duidelijk voor me: het gat dat met een houten stop gesloten diende te worden, een stop die mijn vader erin moest slaan. Hoe die stop er weer uit kwam? Want door dat ene gat, vrees ik, moesten al die tientallen liters vuil waswater na afloop van de hele uitputtende procedure hun tobbe verlaten... Reusachtig en indrukwekkend was het, dit allereerste begin van het einde van het verschrikkelijke eigenhandige uitkoken van de was, in het teken en in de reuk waarvan de gehele maandag altijd gestaan had.

Het vlekkenschrift toonde mij dit tijdperk, dit keurignette tijdperk waar niet dat op aan te merken was geweest. Een tijdperk dat in een halve eeuw zo compleet verdwenen was dat het inmiddels om een lang vervlogen verleden leek te gaan. De staart van dit tijdperk, de eerste tien, vijftien jaren na de oorlog, heb ik meegemaakt. Ze hebben mij genormeerd, en iets van dit alles is meer of minder verborgen in mij blijven voortleven, dwars door alle erop gevolgde jaren zestig, zeventig, tachtig, negentig heen.

Mijn behoefte om dingen te repareren, en niet weg te gooien, is vaak groot. Ik kan me er slecht bij neerleggen dat de dingen slijten, onmerkbaar maar altijd, dat ze een zwakke plek plegen te hebben, en kapotgaan, gewoonlijk op een ondergeschikt punt terwijl ze 'verder' nog zo goed zijn. Ik begrijp dat je juist een heel mooi kopje waar 'alleen maar' het oortje af is lijmt met een tubetje Collal.

Ook mijn bekwaamheid om glazen tijdens de val—op weg naar een stenen vloer bij voorbeeld—te onderscheppen moet hiermee verband houden. We hebben het alle drie. Wij kunnen er niet tegen, mijn zuster, mijn broer, ik, dat heb ik al vaak geobserveerd, dat de dingen, ook heel kleine en onaanzienlijke, goedkope, makkelijk vervangbare dingen, breken. Het gaat daarbij niet om hun economische waarde, maar om een intrinsieke. We maken geen onderscheid tussen grote en kleine ongelukken. Een gevallen melkbeker is even erg als een gevallen vaas.

Woedend op onszelf, schuldig immers aan het ongeluk dat door ons toedoen plaats heeft gevonden, ruimen we de scherven op. *Meteen*—alsof ook de allergeringste speling tussen ongeluk en puinruimen zich zou kunnen verbreden tot een scheur zo diep dat wij erdoor verzwolgen zullen worden.

Het is een houding die ons met onze moeder verenigt, met haar sterker dan met onze vader, die een man was van aanpakken, opruimen, vervangen, snelle besluiten, uitvoerbare plannen. Een realist. Een man die vooruitzag.

Zo ben ik dan misschien iemand geworden die paraplu's repareert. Mateloos kan het me ergeren dat een paraplu het begeeft op zo'n volstrekt reparabel punt als daar is: het minieme plekje waar een balein bevestigd hoort te zijn aan het eigenlijke scherm, het onnozele uiteinde dus van de balein, dat met een garen draadje van niks, met behulp van een naald, in vijftien seconden weer vastgenaaid kan worden. Voor deze paraplureparatie (en voor enkele andere veel voorkomende kleine defecten) heb ik minder tijd nodig dan het me kosten zou om naar een winkel te gaan voor de aanschaf van een nieuwe. Maar de drijfveer is een onevenredige woede.

Middelen om een vilten hoed schoon te maken zijn:

1e. Den hoed van binnen op te vullen met wit papier en van buiten stevig af te wrijven met een prop zijdepapier.

2e. Te schuren met oud wittebrood.

3e. Te bestrooien met zemelen (bij den drogist verkrijgbaar) en dan stevig te schuieren.

4e. Te schuieren met een mengsel van een kopje 3% waterstofperoxyde en 'n 1/2 kopje heet water. Daarna het geheel in de zon laten drogen. Bij welke behandeling ook, de bol altijd opvullen met wit papier.

Sommige knipsels—die losgelaten hadden doordat de lijm zijn werking had verloren, waardoor ze zich nu op hun rug lieten lezen—verschaften onverwachts aanwijzingen voor de datering van het vlekkenschrift. Op de achterkant van onder meer het knipsel over de vilten hoed woedde een oorlog.

Heel vreemd was het te bedenken dat hetzelfde papier waarop destijds het belangrijke nieuws had gestaan—het nieuws op de voorpagina en op de overige oneven pagina's—aan de achterzijde plaats had geboden aan al die nuttige huishoudelijke rubrieken, in de gebruikelijke dubbelzinnigheid van alledag: je moet weten wat er in de wereld voorvalt, en je moet weer voort. Je leeft mee, en zet een knoop aan; je gruwt, en doet een wasje; je staart even voor je uit, en gaat boodschappen doen.

Aanvankelijk was het me niet een, twee, drie duidelijk waar het om ging, in de paar knipsels die los waren geraakt. Want ze begonnen zomaar ergens, midden in een zin, plompverloren. Het wereldnieuws van toen was in dit schrift ondergeschikt geworden aan de Huishoudelijke Voorschriften op de ommezijde; het was verknipt tot tekst zonder zin of reden, en zo duurde het even voor ik erachter was waar het nu eigenlijk over ging.

'[...] den eisch dat de daders zwaar gestraft zullen worden, antwoordt Japan niet met een weigering, zooals de uitersten zouden hebben verlangd en lieten doorschemeren dat in de bedoeling van de regeering lag, maar met de verklaring dat de daders niet te vinden zijn. Wie weet hoe scherp de tucht is in het Japansche leger, en welke goede organisators zijn militairen zich steeds getoond hebben, begrijpt wat men van deze verklaring denken moet.

'In ieder geval—Japan froisseert de buitenlanders niet. Het slaat een blokkade om de geheele kust van China. [Ha, eindelijk enig licht in de zaak!] Het proclameert die ten minste. Wat er in werkelijkheid van wordt, zal men eerst in de komende weken kunnen uitmaken. Maar...... [zes puntjes, toen nog] het is een blokkade alleen tegen de Chineesche schepen bedoeld, volgens de verklaringen van het ministerie van Marine. Den handel van buitenlandsche schepen wil men geen bezwaren in den weg leggen. Alleen behoudt de vloot van den Mikado zich, die schepen te "praaien". Wat men doen zal als blijkt dat de gepraaide schepen met oorlogs—'

Einde knipsel. Ik draai het om. *Het wasschen van hee-rendasschen*. Ik plak het opnieuw vast.

Ook een ander knipsel lijm ik weer stevig vast, een met in klein kapitaal de kop FELLE STRIJD LANGS SPOOR-LIJN TIENTSIN-POEKAU. (Achterzijde van de zaak van de vilten hoeden.) Daarna is het niet zo moeilijk meer om er met behulp van de kleine Ploetz achter te komen dat de knipsels moesten dateren van omstreeks 1937, het begin van de Japans-Chinese oorlog, tevens het jaar waarin mijn vader en mijn moeder, collega's-onderwijzers aan de School met den Bijbel te Krommenie, in het huwelijk traden, hetgeen overeenkomstig de toenmalige arbeidswetten meteen een einde maakte aan mijn moeders beroepsleven buitenshuis.

In 1939 werd het eerste kind geboren (meisje, vernoemd naar grootmoeder aan moederszijde), in 1941 het tweede (jongen, vernoemd naar grootvader aan vaderszijde), in 1943 het derde (jongen, vernoemd naar grootvader aan moederszijde), in 1945 het vierde (jongen, vernoemd naar overgrootvader aan vaderszijde, om precies te zijn de vader van de moeder van mijn vader), in 1949 het vijfde (meisje, vernoemd naar de zuster van de grootmoeder aan moederszijde, tevens tweede moeder van mijn moeder).

Het derde en het vijfde kind stierven jong respectievelijk zeer jong; ze werden omstreeks acht en nog niet een. De Here heeft gegeven, de Here heeft genomen, de naam des Heren zij geprezen. Louter historisch gesproken ben ik het vierde kind, maar volgens de meer gebruikelijke—en meer openbare—telling van de in leven gebleven kinderen het derde en jongste.

Mevr. A.Z.-v.N. te Gr. De schadelijkheid van SCHIETMOT of ZILVERVLIESJE bestaat voornamelijk in het afknagen van boekbanden, behang, kartonnen doozen, gesteven kleeren, e.d. In magazijnen kunnen zij zeer schadelijk worden in meelwaren. Het is moeilijk te zeggen, hoe men deze dieren in huis krijgt. Misschien komen ze van buiten; meer waarschijnlijk is, dat zij met materiaal in huis komen.

Om de dieren weg te vangen kan men de volgende eenvoudige val neerzetten: men plaatst op een niet te groote verhooging een vierkant kartonnen deksel, b.v. van een postpapierdoos. Daaronder legt men wat gekookte stijfsel, een rauwen aardappel of een bananenschil. De toegang wordt vergemakkelijkt door schuingeplaatste plankjes tegen de verhooging aan te brengen. Van tijd tot tijd inspecteert men de val, doch neemt het omgekeerde deksel, waaronder het lokaas ligt, pas weg, als men het geheel boven een emmer kokend water kan uitschudden.

Nee maar, hier: een knipsel over *uitgehaalde wol...* Maar daar ben ik blij mee! Zou *Mevr. P.C.R.-Br. te Kr.*, of *Een lezeres uit Krommenie* daar meer van geweten hebben? Helaas, er wordt geen melding gemaakt van degene die het vraagstuk aan de orde heeft gesteld: *Wil men iets breien van uitgehaalde wol, hetgeen lastig is, daar deze vol met kleine kronkeltjes zit, dan handelt men als volgt: men windt de wol rondom een aluminium heetwaterkruik en vult deze met bijna kokend water. Men laat de wol er circa drie uur omheen zitten en kluwt den draad dan op, die er geheel glad en als nieuw uitziet.*

Jaja, de heetwaterkruik. In zo'n door moeder van een stuk wollen deken precies passend gemaakte kruikezak die met een keurig koordje boven de schroefdop gesloten moest worden, en omhoog gedragen, van beneden in het huis, twee trappen op, naar slaapkamers waar het kon vriezen.

Maar zou ze dat heus een keer geprobeerd hebben, met die uitgehaalde wol om zo'n kruik heen? Waarom ook niet. Maar ze zal toch niet gedacht hebben dat je er niets van zag? Of had ze er werkelijk in geloofd, in dat *geheel-glad-en-als-nieuw*, en dan niet een keer, maar bij elke restjeswollen trui opnieuw?

Zo dwaal ik rond in het vlekkenschrift, volgens de willekeur van het alfabet, of bladerend in het wilde weg, om mij toegang te verschaffen tot deze wereld van verdwenen deugden en weetjes. De ingewikkeldheid der handelingen. De eenvoud van de aangewende middelen.

Die eenvoud, die drastische eenvoud. Zoals bij voorbeeld het flesje glycerine. Dat op het theeblad stond— klein onopvallend naamloos flesje, met een kurk gesloten.

Het inwrijven van de handen van mijn moeder, dat was het onbetwijfelbaar teken dat het einde van de huishouddag was aangebroken. De onaangename lucht! Maar dat vond zij helemaal niet.

Daar zat mijn moeder, aan een punt van de tafel, eventjes, en smeerde haar handen in. Zuiver utilitair. Zonder enige glamour van vormgeving of merkennarcisme. Goedkoop, effectief, zonder opzien te baren, zonder enig aanzien.

Deze dingen zijn het die me kunnen doen verlangen naar een nauwkeurige geschiedenis van het Nederlandse huishouden. Waarvan ik het register graag zou doorbladeren: ach ja, het stofdoekenmandje, jazeker, het plintenkwastje, aha, de spiritus. Het vlekkenschrift lijkt er een beetje op.

Lezend in het schrift zie ik op het toneel van de dagelijkse strijd tegen het verval nu eens voor mij hoe mevr. J.C.-D. te Br. blouses weekt in een geheimzinnige oplossing van zwavelzure natron, hoe zij ze goed uitspoelt, enzovoorts, enzovoorts, hoe zij kortom de actrice wordt, heel even, van deze huishoudtip, deze toevallige mevrouw, en natuurlijk valt het mij niet moeilijk te bedenken hoe zij evenzeer mevr. P.C.R.-Br. te Kr. had kunnen zijn, want zusters waren zij in het geloof van het zeepschaven, koken, bestrijken, strooien, laten liggen, nat houden, uitspoelen—met elkaar verbonden als alchemistes van de steeds opnieuw nagejaagde reinheid, ploeteraarsters in de eenvoudige keukens van de jaren dertig, veertig, vijftig.

Het kost me geen moeite, en op den duur vloeien ze allemaal samen. Mej. H.B. te Dr., die geschreven heeft over de chocolademelkvlekken in haar donkerblauwe japon. En Mevr. E.R.-de J. te N.sch., die geschreven heeft over de weervlekken in haar cretonnen gordijnen. En Mevr. J.v.d.M. te A'dam-W., die geschreven heeft over de vuilgeworden tinnen voorwerpen. En Mevr. de Kl. uit Ferwerd, die geschreven heeft over de lelijke bruine kring in het geborduurde ontbijtlaken.

Zij vloeien ineen tot een enkele persoon, en zie: zij maakt alle dingen nieuw. En zo goed als nieuw. En zo dat je er bijna niets meer van ziet.

Al deze dappere huisvrouwen, met al hun keukens en bijkeukens en bleekvelden, ze vloeien ineen. In een en dezelfde ruimte zie ik, tegelijk bijeen, zonder elkaar in de weg te zitten, vilten hoeden boven ketels heet water zweven, ik zie linnengoed dat weekt in karnemelk, nieuwe tandenborstels zie ik die een nacht in zout water liggen, theevlekken die wegtrekken uit lakens, ik zie de beige tasch van de lezeres uit Vreeswijk die zoo vuil was op weg, onder de invloed van het stijfgeklopte eiwit, naar algeheel herstel, ik zie de papjes van tetra en krijt, en van water en schelpzand, en de gelatinevlek in het muiskleurig tapijt, ik zie de droge zachte doeken, de lapjes, de sponsjes, en al die handen. Al die handen, die zo direct na gedane arbeid naar het flesje glycerine zullen grijpen. Ik sluit het vlekkenschrift en neem mijn hoed af.

Maar nog steeds was het niet gedaan met mijn opruimwoede. Ik groef de lagen af die sinds lang tafels en bureau, vensterbanken en vloer overdekten. Ik voldeed
mijn schulden. Ik beantwoordde brieven. Ik bezag
oude plannen op hun levensvatbaarheid.

En ten slotte kwam zelfs het moment dat ik de laden
van mijn bureau eruit nam en ze neerlegde, een voor
een, op het zojuist nieuw in de was gezette, spiegelend
glanzende oppervlak van het bureaublad. Uit welk blad
ik eerst de vele kringen van glazen en kopjes zorgvuldig verwijderd had met behulp van een papje van siga-
reas en olijfolie; een huismiddel dat ik iedereen van
harte aan kan bevelen.

Ja, ik pakte de zaken drastisch aan. Anderhalf jaar na
de dood van mijn moeder was het, en ik vervolgde
mijn grote schoonmaak. Men moest zijn huis op orde
brengen.

En nu was het moment aangebroken dat zelfs de
grote bureaulade linksonder eraan moest geloven. Voor
de dag ermee! Dertien jaar lang had ik de inhoud van
die la niet aangeraakt.

Vooraf weet niemand van zichzelf: ik word nog eens

krankzinnig. *Gek, ik?!* Niets immers is er dat die kant op wijst. Pas achteraf kun je de voortekens zien—als je dat wil. En tijdens de gekte, die jij als een hoogtepunt ervaart, valt je het vergezicht ten deel waarin alle lijnen van je leven plotseling hun nooit gedachte patroon laten zien.

Wie wil er geen patroon zien? Wie is er zonder de behoefte om lijnen te trekken en perioden te onderscheiden? Wie wil niet, al is het maar een keer halverwege zijn leven, het panorama van de eigen alledaagsheid aanschouwen, maar dan zo dat alle alledaagse dagen bijeengevoegd hun ongelofelijk licht laten schijnen, als kroonluchter van ontelbaar vele doodgewone peertjes?

Maar daarna. Als de lichtsterkte weer als vanouds is. En de gewone grijze sluier weer over de dingen en het leven ligt.—Wat dan gedaan met het korte helle intermezzo van de waanzin? Je wilt niet iemand zijn met een gat in zijn leven.

Naderhand: gêne en schaamte natuurlijk. Wie raakten er niet allemaal in gemoeid? Maar een soort van eigenaardige trots had de overhand. Voor geen goud had ik hem willen missen, mijn waanzin. En een aantal jaren heb ik er bijna heimwee naar gehad.

Hier ligt hij dan ten slotte op mijn bureau: de plastic tas met de bescheiden van mijn waanzin, en al die bruine en witte flesjes met slaap en rust, de medicijnen. Plus het boek van Jan.

Gezamenlijk bewaard geweest, al die tijd. Nu gaan hun wegen scheiden.

Zie hem daar nou toch eens liggen, in opperste dood-
gewoonheid, boven op het bureau. Alsof het niks is.
Alsof ie niet jarenlang weggesloten is geweest in de
binnenste duisternis van ditzelfde bureau.

Niet alleen weggesloten, ook nog zorgvuldig dicht-
geplakt met brede bruine tape. Alsof die plastic tas
moest voldoen aan een voorschrift van het soort dat je
wel ziet op de verpakking van voedingswaren.

IN LUCHTLEDIGE VERPAKKING MITS DONKER BEWAARD
ONBEPERKT HOUDBAAR

Ja, dat had ik destijds maar al te graag willen geloven,
van die onbeperkte houdbaarheid. Maar was het me
daar wel om te doen, toen? Of was het eigenlijk meer
de doos van Pandora, en was ik jarenlang doodsbe-
nauwd geweest alleen al bij de gedachte dat de erin op-
gesloten boze geesten, mijn hoogst particuliere Eriny-
en, door een spleet uit het plastic zouden kunnen ont-
snappen?

Maar nu ben ik toch niet bang meer voor de inhoud
van deze plastic tas? Nu is er toch meer dan genoeg tijd
verstreken?

In het geval van blikjes werden die woorden soms gevolgd door een datum in een verre toekomst; die je, weetgierig of hangerig, wel eens las: onwaarschijnlijk ver weg lag het ogenblik van uiterste consumptie. Voor een scholier bij voorbeeld achter de horizon van een eindexamen.

Zelfs zo'n denkbeeldige datum moet in het geval van mijn plastic tas nu ruimschoots verstreken zijn. Dertien jaar, dat moet genoeg zijn geweest om een einde te maken aan alle schimmen en spoken die wie weet nog in die zak verscholen hadden gezeten. Hooguit zal ik er relikwieën in aantreffen, onbegrijpelijke oogharen en nagels van de profeet, maar de profetie zelf is foetsie en het duizendjarig rijk niet aangebroken.

Maar voordat deze tas, bedrukt met vrolijke rode letters, een soort van onaanzienlijke schrijn was geworden, of als je niet beter wist gewoon een vuilniszakje voor zojuist opgeruimde papieren, was ik er wel degelijk bang voor geweest. Zoals ik lange tijd ook beducht was geweest voor onbeantwoordbare maar door mij desalniettemin aan mijzelf gestelde vragen als: *En, hoe pakt een mens dat nou aan, gek worden? Hoe begint en onderhoudt hij zijn gekte? Welk gereedschap, wat voor hulp heeft hij daarbij nodig? Wie of wat bepaalt het einde van een waanzin? En, niet te vergeten, wat heeft hij eraan gehad? Is waanzin leerzaam, kan hij het aanbevelen, of is het iets om maar liever niet aan terug te denken?*

SOUVENIRS ROOKWAREN, staat er gedrukt op de plastic tas.

Evenals de naam van de winkel waar hij vandaan komt, Univers, in de Raadhuisstraat, onder de arcade. Zo'n inloopzaak waar ze efemere artikelen verkochten. Nieuws en snoep. Shag, Drum in mijn geval, vloeitjes, blauwe Rizla of rode dubbele Club, eveneens van rijstpapier, en Potter's Linia, zwarte kleine kussentjes, 'voor rokers en zangers'. Erg goed van Potter's Linia had ik dat gevonden, dat die kleine sterke dropjes waarmee rokers hun rasperige keel koest hielden gewoon in eerlijk zwart waren uitgevoerd, met een opgewekte knipoog naar het zwart niet ver van die keel, een beetje lager: de longen. Ook die verpakking had ik met mijn argusoog doorzien: de zwarte kussens. Want verpakkingen, dat was een van mijn stellingen en overtuigingen geweest, konden niet liegen.

En zo was deze plastic tas dan de aangewezen plaats geweest, de ideale plek, om het verloren paradijs te herbergen—het op ieder afzonderlijk ogenblik aan één stuk door verloren gaande paradijs van de vluchtige inval, het losse woord, de veelbetekende flard, het grote verband, de accolades van mijn leven. Natuurlijk! *Souvenirs Rookwaren*, dat was nou precies wat erop moest staan, op zo'n zak.

Bang? Nee, ik was werkelijk niet bang meer voor deze tas.

Ik herinnerde mij het begin: hoe ik de zonnewering neerliet, in mijn kamer aan de straatkant, met de hoge negentiende-eeuwse ramen, de zon moest namelijk buitengesloten worden, en niemand van de overkant mocht mij hier kunnen zien.

Ik herinner mij hoe ik huilend de luxaflex neerliet en op de grond knielde, het was mooi weer, een mooie herfstdag, drieëndertig jaren oud was ik, de bladeren waren nog lang niet van de iepen, de zon scheen, ik knielde op de grond, op de goedkope donkerbruine vaste vloerbedekking, ik vouwde me tot een Z, ik sloeg mijn armen om mijn eigen hoofd, ik verstopte mijn oren en mijn ogen, en ik huilde, zonder te weten wat ik deed.

Als iemand huilt wil hij iets zeggen. Maar juist de inhoud van wat hij wil zeggen voorkomt dat hij tot articuleren zelfs maar in staat zou zijn. Het huilen is als het trekken van een cirkel; als het begin van een vermoeden dat binnen die omtrek tot zekerheid zal worden: zekerheid van verlies.

Maar zolang iemand huilt zoekt hij nog.

De tijd, zo maakte mijn verdriet mij wijs, was wegge-
vallen en daardoor kon het plotseling gebeuren dat er
een zesjarige in mij gevaren kwam die zich bedienen
mocht—met diens volle instemming—van de volwassene die ik zo goed en zo kwaad als dat ging had weten
te worden. Deze zesjarige was het geweest, om zo te
zeggen, die de brief had gedicteerd aan de drieënder-
tigjarige secretaris die hem had zitten typen, waarbij
het overigens uit de aard der zaak principieel onduide-
lijk bleef wie van hen beiden zo onbedaarlijk moest
huilen, al doende.

Want hoe de verhoudingen lagen, daarover zou je allicht van mening kunnen verschillen. Misschien bediende een oud en ongearticuleerd verdriet, van een
jongetje dat nog niet op de lagere school ging, zich inderdaad van een volwassene. Maar hoe dan ook moest
dat verdriet, diepgevroren en wel, op de een of andere
manier voorhanden zijn gebleven om nu tot een soort
van laat voortgezet leven te kunnen komen. Al was het
omgekeerde natuurlijk net zo goed mogelijk: dat het
betrekkelijke onvermogen om te leven—van de volwassene—zich plotseling was gaan bedienen van, en legiti-

meren door, een naar zich gemakkelijk liet denken groot en oud verdriet.

Of dat verdriet echt wel zo groot was geweest, destijds, in zijn oervorm, dat viel per saldo niet meer na te gaan. Hier deed zich onherroepelijk iets vicieus voor. Want dat verdriet was noch het bewijs van wat dan ook, noch het te bewijzene.

Misschien was het zelfs niet meer dan een loutere veronderstelling, een axioma dat ik nodig had voor de verdere uitbouw van mijn leven. Een groot verdriet— wat is een groot verdriet? Een verdriet kan zo ontzaglijk vormeloos zijn, dat juist zijn onzichtbaarheid een aanwijzing kan vormen niet voor zijn afwezigheid maar voor zijn alomtegenwoordigheid.

Een feit was dat ik destijds van al dat verdriet, eerst om mijn broertje, toen om mijn zusje (of omgekeerd), alles en niets begreep. Ik lette op dingen die gemakkelijk voor bijzaken versleten konden worden. Net zoals er dromen in kleur en in zwartwit bestaan, zijn er herinneringen in die twee variëteiten. Tot mijn uiterst schaarse beelden behoort het volgende, uitgevoerd in zwartwit. Soms denk ik dat dat hele Krommenie, mijn geboorteplaats, uit niets anders bestaan heeft dan een paar zwartwitte foto's, gekartelde kiekjes ter grootte van een visitekaartje.

Het is een herinnering die ik voor een zwartwitte foto zou kunnen verslijten als er niet, op het laatste moment, beweging in kwam. Het is in de kamer achter, waar gewacht wordt. Mijn opa en oma uit Zaandam zijn er ook, en ik weet niet wie nog meer. Het is een donkere dag, iedereen zwijgt, en kijkt naar buiten. En daar, door de tuin, komt de dominee aan die, eenmaal binnengekomen of binnengelaten via de keuken, zijn grijze hoed van het hoofd neemt en zijn handen vouwt, en zo, terwijl iedereen daar staat, begint te bidden. Tot mijn ontzetting. Want waarom, zo vraag ik me woedend af, *doet mijn vader dat niet zelf?*

Dit werkloze wachten herinner ik me dus. Ik herinner het me als een gezamenlijkheid waarop de komst van de dominee inbreekt. Zo herinner ik me ook dat ik in onze kamer, de kamer van mijn broer en mij, misschien was het de kamer van ons drieën—de drie jongens—, de kamer waar het meubilair appelgroen was, en waar matting op de vloer lag, dat ik daar, zo maar ergens op die matting, in een hoek, tussen een kast en een raam, zo'n beetje aan het snikken was, een droog snikken, zonder tranen, en dat mijn broer R. binnenkwam, en verbaasd tegen mij zei: 'Hé, wat doe *jij* nou?' en dat ik antwoordde: 'Ik huil om Jan,' en dat hij toen weer zei: 'Stel je niet aan.'

Waaraan hij, vond ik op dat moment, zeker gelijk had. Althans, zo herinner ik het mij. En dus hield ik er ook meteen weer mee op. Maar *waar* hield ik dan meteen mee op? Ik zou het niet met zekerheid kunnen zeggen. Misschien met een poging om mee te doen met het groot en algemeen verdriet, al was het maar voor spek en bonen.

Ook zag ik met verbazing, op een avond dat mijn vader me naar bed bracht, hoe hij in de dakkapel met zijn rug naar me toe, hij stond zeker naar buiten te kijken,

vreemde bewegingen maakte met zijn schouders, geluidloos, bewegingen die ik hem nog nooit had zien
maken, ik had geen enkel idee, en ik zei tegen hem, ik
lag al in bed en wachtte tot hij kwam, maar hij kwam
niet: 'Vader, wat doet U raar!', waarop hij zich omkeer-
de en met een pijnlijk vertrokken gezicht, zijn bril had
hij af en in zijn ene hand, antwoordde: 'Ach jongen, ik
huil...'

Ook hierover was ik verbluft. Dat hij dat kon!

Van mijn moeder herinner ik me veel, heel veel huilen,
maar gedoseerd en uitgespreid over jaren. Net als die
ene keer van mijn vader deed ook zij het met de rug
naar mij toe en in de nabijheid van ramen. Alsof daar,
waar de begrenzing van het huis was, pas de mogelijkheid geopend werd om tranen te vergieten. Zij huilde
terwijl ze de planten water gaf.

Zachtjes snikkend liep zij van pot naar pot, en van
vensterbank naar vensterbank, met haar gieter. Ook
haar huilen was van het ingehouden type. Het wilde,
zo leek het, liever verborgen blijven.

Maar ik, als kleine jongen die nog niet op de grote
school ging—zoals mijn oudere broer had gedaan, de
broer die nu dood was en met wie ik niet meer kon
spelen en die mij geen schoolschriften meer liet zien
die ik vol ontzag in mijn handen mocht houden, in de
zekerheid zoiets nooit te zullen kunnen zelf, later; op
een dag had hij iets meegebracht, zo verschrikkelijk
mooi als dat gemaakt was: op dun papier waar je een
beetje doorheen kon kijken had hij met potlood een
schitterende koe getekend, ik verging bijna van bewondering, en hoe mij ook werd uitgelegd dat de koe

overgetrokken was van een voorbeeld, het maakte mij en mijn bewondering niets uit—maar ik, als kleine jongen die nog niet op de grote school ging speelde altijd beneden, ik speelde achter mijn moeder aan, en natuurlijk kon het mij niet ontgaan dat zij daar huilde in haar zomerjurk, en ik ging op haar toe en ik ging ook huilen en zij hield op met haar eigen huilen vanwege Jan. Om zich te gaan bekommeren om mij.

Ik drong mij tussen haar en Jan: dat was mijn techniek. Terwijl zij dacht dat ik met haar mee huilde, en dit haar juist voldoende troostte om haar aandacht van het dode kind te verplaatsen naar het levende.

Hoe vaak heb ik haar zo wel niet gezien, op de rug, bij de kamerplanten? De dood van mijn broer plus, niet veel later, de dood van mijn zusje, of omgekeerd, plus hun verjaardagen, dat leverde bij elkaar al vier dagen 's jaars van vast verdriet.

Het is voor mij een oertafereel: moeder die de planten water geeft, en huilt; alsof haar tranen het leven zouden kunnen schenken evenzeer als onderhouden— zoals haar gieter. Maar wat zij schenkt en onderhoudt, dat is het halve leven van haar herinneringen.

Zo was het begonnen, met het neerlaten van de luxa-flex en het knielen. Maar natuurlijk waren er opmaten geweest, en vingerwijzingen. Ook al waren die me als zodanig ontgaan toen ze zich voordeden. Zoals de tocht naar Krommenie per oranje Citroën Dyane. De tocht waarmee ik mijn zojuist behaalde rijbewijs geïnaugureerd had.

Een vreemde tocht.

De auto was half van ons, half van een vriend. Een parttime auto. Ik had me van tevoren slechts een vage voorstelling gemaakt van de verruimde mogelijkheden die mijn gloednieuwe rijbewijs met zich mee zou brengen. Het leek mij dat ik nu heel vaak het verlangen zou voelen om à bout portant naar Parijs te vertrekken, zomaar opeens.

Ik was dan ook stomverbaasd over het eerste wat ik daadwerkelijk met de oranje auto aanving. Schijnbaar zonder enige planning vooraf bleek ik op een zonnige zomerdag onderweg te zijn naar mijn geboorteplaats Krommenie, waar ik sinds mijn jeugd niet meer terug was geweest. Ik was gestoken in een smetteloos wit linnen pak.

Ik herinner me mijn feestelijke, op de een of andere

manier ook wat spotzieke stemming. Het was alsof ik optrad in een film. Ik voelde mij iemand die thuishoorde in een zorgeloos kunstwerk. Het raampje, het typische Citroënraampje, was naar boven geklapt, en mijn linkerelleboog stak losjes naar buiten uit het portier.

Ja, ik was verbaasd. Dat ik naar Krommenie ging. Hoe kwam ik erop!—alsof dat nou het doel was geweest van het behalen van mijn rijbewijs, het maken van een tochtje naar Krommenie. Geen haar op mijn hoofd had er ooit aan gedacht nog eens terug te gaan. Geen belangstelling, maar dan ook geen enkele.

Geboortehuis? Het mocht wat. School met den Bijbel? Laat nou maar.

Krommenie, terwijl het zo dichtbij was, eigenlijk meer de noordelijkste uitloper van Amsterdam, waar de industrie ophoudt en het polderland begint. Nooit dacht ik na over Krommenie. Nooit dacht ik eraan terug. Het kwam niet in mijn dromen voor. Ik had er sinds lang geen enkel contact meer.

Er was een soort van discrepantie tussen allerlei dingen. Tussen de manier waarop ik dacht te rijden, als inwoner immers van een film, en de manier waarop ik werkelijk reed. Want een groot talent, als automobilist, was ik zeker niet; dat was tijdens de lessen en examens wel gebleken. Ik anticipeerde niet. Ik deed alles op het laatste moment. Met een soort van abruptheid die de totale improvisatie benaderde.

Ook was er een discrepantie tussen het vage doel van mijn expeditie, dat eigenaardige 'Krommenie', en de pseudo-doelgerichtheid waarmee ik onder het IJ verdween, de tunnel in, en er weer uit opdook. En hoewel ik hier nog nooit geweest was, als bestuurder, en het me gewoonlijk totaal ontbrak aan elk oriëntatievermogen, en aan de gestage oplettendheid en het leervermogen die daarbij horen, joeg ik in een onverantwoord tempo voort over de al wat rustiger weg, alsof die me rechttoe, rechtaan naar Krommenie zou voeren, in alsmaar hetzelfde tempo. En zo kwam het dat ik de afslag miste.

Nu ja: bijna miste. De eend, want veel meer dan een iets duurdere eend was het tenslotte niet, helde vervaarlijk over in de bocht terwijl ik de macht over het stuur maar nauwelijks wist te behouden. Of eigenlijk kon er van behouden in strikte zin al niet meer gesproken worden. Om precies te zijn was ik—vrijwel zonder gerucht te maken naar mijn idee—tot stilstand gekomen op het sappige groene zomergras van iets als een rotonde. Met mijn bumper had ik nog juist een paaltje, een veerkrachtig paaltje van kunststof dat op dit treffen volkomen berekend leek, een geluidloos tikje gegeven. Ik stond naast de Dyane in het gras en keek. Het was een vreemd gezicht, vond ik, om aan het eind van mijn eigen spoor te staan.

Allicht maande ik mezelf tot kalmte terwijl ik het beproefde asfalt weer opzocht, dat spreekt vanzelf. Natuurlijk was het in een bedaarder tempo dat ik vervolgens Krommenie in reed, waar ik mijn geboortehuis nauwelijks met een blik verwaardigde, ik passeerde het met een onverschilligheid die me verblufte, en min of meer op goed geluk reed ik door in wat naar ik meende zo'n beetje de richting moest wezen. Maar ik moest me vergist hebben. Bij een of andere supermarkt—het dorp was er niet kleiner op geworden, de afgelopen vijfentwintig jaar—vroeg ik de weg en keerde ik. Ja, nu zag ik hem. Hoe had ik er zoëven aan voorbij kunnen zien.

De karakteristieke aanblik van hoge bomen langs water. Dubbele afscheiding. Aan deze kant van het water lagen tuinen en bootjes, aan de andere kant alleen die hoge bomen. Ik moest aan de andere kant zijn. Ik zette de auto zomaar ergens neer en wandelde om de begraafplaats heen naar de ingang.

Ik had geen flauw idee waar ik moest zoeken en hoe ze eruit zouden zien. Staand of liggend? Klein of groot? Twee graven of een? Twee, zou ik denken; klein, nam ik aan, het ene misschien kleiner dan het andere; staand, raadde ik.

Ik liep rond. Het was een doordeweekse ochtend. Ik zag namen en data en bijbelteksten, sobere ornamenten, plantenafval, gieters, splinternieuwe nog onder bloemen bedolven graven. Ik herinnerde mij namen van dorpsbewoners en van winkeliers en van families waarvan kinderen bij mij in de klas hadden gezeten. Een tijd lang liep ik lukraak rond. Met dat merkwaardige idee: ook al heb ik ze nooit gezien, ik haal ze er zo uit.

Na verloop van tijd begon ik systematischer te zoeken. Deze plek met alleen kindergraven had ik zostraks ook al gehad. Ik werkte de rijen af. Hier was het te nieuw, hier moest ik niet wezen. Ik kon er intussen niet meer onderuit vast te stellen dat ik al die tijd al onder een soort van hoge druk stond en dat ik in een eigenaardige stemming verkeerde. Zo kon ik bij voorbeeld niet langer zeggen of ik *haast had* of alle tijd van de wereld. Aanvankelijk had het er zeker op geleken dat ik haast had, net zo'n gloeiende haast als waarmee ik over de weg had gejaagd.

Toen het tot me door was gedrongen, met moeite, op een verstrooide manier, dat ik ze niet had kunnen vinden, de graven van mijn broer en van mijn zus, sprak ik nog twee mannen aan die ergens aan het werk waren. Ik noemde de namen en duidde de tijd aan. Maar het kwam, zacht gezegd, als een volkomen ver-rassing toen de ene man, leunend op zijn schop, me de vraag stelde die mij als een mokerslag trof, middenvoor, tussen de ogen. Waar de groefjes zitten.

—*Weet u zeker dat ze niet geruimd zijn, meneer?*

Dan was er, datzelfde jaar, de zogenaamde spontane abortus geweest. Tijdens onze vakantie, met als vervoermiddel dezelfde Dyane. Vrolijk waren we weggereden, met de racefietsen op het dak en de raampjes open. Mijn vrouw was drie maanden zwanger.

Mijn vrouw, jawel. Niet langer had ik een vriendin. Er had zich een metamorfose voltrokken. Al een poos hadden wij met namen gespeeld, mijn vriendin en ik, zelfbedachte veelal eenlettergrepige namen, zonder werkelijke plannen tot kinderen te hebben. Het was een spel geweest. Maar nu we dan—tot onze eigen verbazing, want voor gezinstichters hadden we onszelf nooit aangezien—echt een kind wilden, deden die namen niet langer mee. Dat leek ons niet kies tegenover het net begonnen leven. Maar wel veranderden wijzelf van vriend en vriendin in man en vrouw.

Op de eerste dag van de vakantie, in de Ardennen, begon het bloeden; in de Elzas voltrok zich de abortus. Het was een vreemde krachtsinspanning, want gebaard moest er toch worden. En het kon het dienstdoende lichaam—dat van mijn lieve metgezellin—niet schelen, het ging het lichaam niet aan, het was het moederlichaam volkomen om het even of er leven of dood werd gebaard.

Het stond in dienst van iets anders. *Zij* was het nauwelijks die daar zo in de weer was, en pijn had, het was een vreemde mechanica waar wij geen vat op hadden. Want natuurlijk hadden we de neiging ons te verzetten tegen wat daar aan kwam. Dat moest in haar blijven, verdraaid nog aan toe, dat mocht er helemaal niet uit komen! Dat was een begin van ons kind.

Te moeten helpen bij een spontane abortus.

Stukjes en beetjes van mijn vrouw, van ons kind, van mij, van de voorziening die speciaal ontworpen was tot voeding van dit kind in aanbouw, daar kwamen ze, langzaam.

Ik herinner me hoe ze in het bidet stond te kijken, daar in dat keurige splinternieuwe kleine hotel in de Elzas, waar naar onze indruk nog nooit gasten waren geweest—zo nieuw was alles er; het kon haast niet anders of wij moesten de eersten zijn. Zij stond te kijken of het er al was, ons ontwerpje van een kind, onze schets, ons onuitgewerkte plan, naamloos nog.

Ik was, al zeg ik het zelf, uiterst koelbloedig. Ik, die geen bloed kan zien, zag het bloed en hielp zo goed en zo kwaad als het ging mijn persende puffende panische lief.

Ik had mijzelf op de automatische piloot gezet van een zuiver rationeel handelen, precies datgene doende wat vereist was, economisch, efficiënt, en het eigenaardige was dat ik er nog trots op was ook. Kijk mij eens goed helpen en onmisbaar zijn.

En zij, mijn lief, zij was bezig zich van haar mislukte vrucht te ontdoen, panisch, terwijl zij toen de eerste weeën kwamen nog gedacht had, nog verlangd had diezelfde vrucht die onverstoorbaar zijn eigen weg ging heel misschien nog te kunnen behouden. Dit had mij aangegrepen: hoe iemand vasthoudt, vast wil houden wat weg wil en waar geen houden aan is—zinloos geworden moederlijkheid.

Enfin, zo waren wij in de weer met wat al een rest was.

Ach, mijn dappere Dozijn, roerend in de toiletpot met haar vinger, zij wou weten. Zij wou zien. Zij wou zeker weten. Was het er nou uit of niet?

Ja, het was eruit. Daar was het dan. En hoewel het mij meer leek op een uit het nest gevallen nog niet behaard vogeljong, dat blauw op het plaveisel ligt, doodgeboren en het nest uitgewerkt, wilde ik maar één ding: een begrafenis. Ik geloof dat ze dit nog niet vreemd vond. Wij gingen ons dode vruchtbeginsel niet in het een of andere hotel achterlaten, want het hotel had er niets mee te maken. Wij zouden dat wat van ons was ergens buiten gaan begraven.

Het was zomer, maar een begin van herfst was al zichtbaar. Het was nog vroeg in de ochtend. We liepen de helling op, in velden of wegen was niemand te bekennen. Een klooster in de verte. Cisterciënzers, of een andere orde van zwijgers. Wat bos, boven op de heuvel.

We liepen tot de rand van het bos. Het hotel was betaald. We hadden onze koffers in de Dyane geladen, en daar stond hij, aan de rand van de departementale weg, in de berm. Iemand van ons, ik weet niet meer wie, droeg het vruchtje op haar of zijn handpalm.

In een scheur in de bruine aarde, wat was die aarde

bruin, legden wij het doelloos ding. Daar lag het, zeer onbegonnen, buitengewoon naamloos—ach, het was niets, het was werkelijk niets, beschouwd als ding. Het was alleen maar iets aanstaands geweest, bijna louter gedachte nog, schets, plan.

Het leek iets laters dat gestorven was, niet dit ding. En toch wenste ik, tot mijn eigen verbluftheid, dit ding hier nu plotseling te beschouwen als mijn zoon. Mijn zoon maar liefst!

Ik maakte de minuscule groeve dicht.

Ook dat leek haar niet vreemd. Lichtelijk verontrust werd ze toen ik erop stond, een klein grafteken aan te brengen. Ik wist niet wat mij dreef. Maar ik bracht het kleine grafteken aan, als een kind dat een huisdier begraaft achter het huis in de tuin. Twee twijgjes legde ik neer, van het kleinste formaat, gekruist.

We liepen de helling af.

Ik maakte een foto van de heuvel.

We stapten in onze oranje Dyane. Tot dusver was mijn gedrag—van zorgzame man; misschien met uitzondering, in de ogen van mijn vrouw, van mijn optreden zoëven, met de twijgjes—ingehouden geweest, beheerst, kalm.

Daar reden wij, met de racefietsen die we nauwelijks zouden gebruiken op het dak, het dorp uit. Het was zomaar een dorp geweest, waar we beland waren op doorreis. Plotseling zag ik het bord, naast de weg. Zo'n Frans bord, met de naam van de plaats, en een rode streep erdoor, ter aanduiding van het einde van de bebouwde kom.

De tranen sprongen in mijn ogen. Ik bracht de auto tot stilstand.

—Heb je gezien hoe dit dorp heet? Bénisson-Dieu... De Here heeft gegeven, de Here heeft genomen, de naam des Heren zij geprezen! Met verstikte stem vloekte ik hartgrondig.
—Kun je nog rijden?

Ik schudde het hoofd. We stapten uit, wisselden van plaats, en reden andermaal weg.

Misschien joeg alleen de gedachte dat de brief weg zou kunnen raken, en nooit bezorgd worden, me al de stuipen op het lijf. Misschien wilde ik er ook domweg geen afstand van doen, de getikte brief, die ik mijn ouders had geschreven, brief door mijzelf gedicteerd aan mijzelf met door tranen verstikte stem, nooit had ik onder vreemder omstandigheden een brief geschreven. Brief die mij en mijn ouders beoogde te herstellen in het oude verdriet waarvan ik nu in alle hevigheid meende dat ik ervan buitengesloten was geweest, ten detrimente van mijn hele verdere leven tot nog toe. Misschien ook was ik bang voor een zodanige uitwerking van mijn brief dat het me raadzaam leek hem in eigen persoon te gaan overhandigen om direct de helpende hand te kunnen bieden aan mijn, zo dacht ik, nog altijd ontredderde ouders.

Dus reisde ik per trein met mijn eigen brief mee naar Den Haag.

Tegelijkertijd was het voor mijzelf ook: erop of eronder. Er was, of ik wilde of niet, sprake van een pijnlijke rolverwarring. Ondernam ik mijn expeditie naar het ouderlijk huis nu eigenlijk als het kind, dat door zijn ouders getroost wilde worden? *Vader, moeder, kijk dan: ik huil!* Maar waarom dan toch, jongen, waarom dan toch? Wat is er dan? Kom maar hier hoor, kom maar vlug hier. Nou en of, ik wilde erkend worden als geval van achterstallige rouw, als dit mijn hoogst eigen geval van niet gerouwde kinderrouw, van over het hoofd geziene en nu pas, god mocht weten waarom, de kop opstekende kinderrouw, kinderrouw die zich intussen, zo kwam het me voor, want voor een groot woord meer of minder draaide ik mijn hand tijdelijk niet langer om, kinderrouw die zich intussen, ongerouwd en wel, als een olievlek over mijn hele leven had uitgespreid, die de smaak van mijn sindsdien maar half geleefde leven voorgoed had bepaald, vertraagde kinderrouw die ik nu alsnog, een dikke vijfentwintig jaar na dato, energiek ter hand genomen had! En waarvoor ik de hulp van mijn ouders dringend nodig had... Ondertussen wist ik wel dat die arme mensen ook maar hadden gedaan wat hun het beste had geleken, en dat het iets betrekkelijk moderns was, allemaal, dit hele rouwgedoe, al dan niet keurig onderverdeeld in vijf fasen, en dat er mensen waren die daar weer hun brood mee verdienden, rouwtherapeuten en rouwbegeleiders, maar dat nam niet weg dat ik in deze mijn eigen tijd leefde, en toevallig mans genoeg was om als mijn eigen rouwtherapeut en rouwbegeleider op te treden...

Ik had een grote zwarte paraplu bij me die ik geschouderd had als een geweer, en met die geschouderde paraplu marcheerde ik naar het station onder het inwendig zingen van steeds maar hetzelfde marsliedje, Randy Newman's, hoe heette het nou ook alweer, dat liedje met dat refrein, want daar ging het me om: *Some people got lost in the flood, some people got away alright...*, ach ja: *Louisiana* natuurlijk, heette het niet *Louisiana*?

Waar ik bang voor was: dat ik niet welkom zou zijn, met mijn immers hoogst eigenaardige, misschien wel nagenoeg verzonnen overkruivende rouw, daar in die Mispelstraat, waar ik de betrekkelijke rust zou komen verstoren van het allereerste jaar waarin mijn vader met pensioen was. Vooral hem gold mijn onzekerheid, want mijn moeder was bang van me geworden, zoveel was me wel duidelijk, daar had ik geen steun van te verwachten, maar hij mocht niet bang van mij worden, dan was ik verloren, dat zou ik niet meer te boven komen, zo had ik mijn huisgenote al gezegd, waarop zij had teruggezegd, verbaasd, dat ik over hem sprak als een kind—over *hem* als een kind, wel te verstaan, en daar wrong hem de schoen inderdaad, want diep in mijn hart beschouwde ik hem als wezenlijk een jongen van twaalf, niet vreselijk veel ouder dus dan ikzelf, in beweging gezet en gehouden als ik werd door de zesjarige die al zo lang bij mij ingekwartierd was geweest.

Zes min (6-)—zo noemde ik voor mezelf, in zuinige onderwijzers- en lerarentaal, de armzalige leeftijd van de kleine jongen die in mij verbleef. Zes min—hoewel ik niet eens goed wist hoe oud ik in werkelijkheid was geweest. Misschien wel zes plus. Het enige dat ik absoluut zeker wist was dat ik nog niet op de lagere school had gezeten, en mijn broer wel.

Het beviel me wel—de taal stond aan mijn kant, dat bleek ook hier weer uit—dat ik op weg was naar de Vruchtenbuurt, naar een kleine straat in de Vruchtenbuurt genaamd de Mispelstraat. *Vrucht die gegeten wordt wanneer zij overrijp is.* Zeg maar gerust: rot. Dit was alles wat ik vanouds al van de mispel wist, maar voor het moment leek het ruimschoots voldoende.

Daar sloeg ik de hoek om, uit de Meloenstraat komend, paraplu geschouderd, zwaaiend met de andere arm, zonder ophouden het gevaar bezwerend door innerlijke zang. *Sad-eyed lady of the Lowlands* (Dylan), *Beware, beware, beware of the naked man* (als het zo heette, van Newman) en *Louisiana* hadden elkaar naar believen afgewisseld tijdens mijn aanreis en opmars.

Misschien had ik inwendig mijn mond ook wel een tijd lang gehouden, best mogelijk. Stilte en betekenisloosheid werden niet langer door mij opgemerkt. Ik had, zacht gezegd, weinig geslapen en in zekere zin was het wel degelijk op mijn laatste benen dat ik ten slotte op het ouderlijk huis aangemarcheerd kwam. Marsliederen en al, maar een zuchtje wind, een zwakke ademtocht zou al voldoende zijn geweest om mijn veertje weg te blazen.

Hoe een en ander nu eigenlijk verliep, in de vaak tijd-rovende en zelden zinrijke opeenvolging van onbelang-rijkheden die de leiband van de werkelijkheid gewoon-lijk is, misschien zou ik het me kunnen herinneren. Van mijn korte waanzin herinner ik me alles en niets. Wat doet het er ook toe hoe ik binnenkwam (het was mijn moeder die, traditioneel, opendeed maar ditmaal nauwelijks een woord durfde zeggen) en hoe we koffie dronken ('*En dit was van... Dunselman*', stond er zoals altijd op het intussen van zijn taartje bevrijde papiertje dat naast het vorkje op het geelglazen geribbelde scho-teltje bleef liggen).

Hoofdzaak is dat ik tot in mijn hart verwarmd werd; maar het gevaar dat ik geducht had, was in zoverre niet helemaal denkbeeldig geweest dat mijn vader op een of ander moment vertwijfeld uitriep: 'Jongen, je wilt me mijn God toch niet afnemen?' Waarop ik hevig schrok. Misschien redekavelde ik al te druk over God de Vader, voyeur van zijn gemartelde Zoon enzomeer, want ik had een complete theorie in ontwikkeling over het impliciet sadomasochistische karakter van het christen-dom.

Maar daar wilde ik hem helemaal niet raken, en hij moest me mijn drieste formuleringen maar niet kwalijk nemen, want waar het me om ging was niet, in twijfel te trekken dat het geloof hem en hun tot een enorme steun was geweest destijds, en nog altijd, als wel hen erop attent te maken dat ik het sinds kort was gaan betreuren dat de kinderen niet bij de begrafenis aanwezig waren geweest. En dat hij de graven had laten ruimen.

Minder herinner ik me wat ik zelf te berde bracht of wat hij, mijn vader, zei, dan dat ik welkom was, volop welkom, ook als malende zoon. Dat herinner ik mij, en dat mij welgedaan werd, dat ik verkwikt werd, dat mijn vader het bad voor mij vol liet lopen, dat hij in eigen persoon het bad voor mij vol liet lopen, en met zijn eigen vaderhand in het water gestoken de temperatuur van het badwater mat, en dat hij, terwijl zijn uitgeputte zoon in het ouderlijk ligbad lag te sluimeren binnentrad met een beker warme melk die hij hem deed opdrinken terwijl hij gezeten was op de rand van het bad—en ik wist, op dat zowel huiselijke als verheven moment van de vadermelk, dat hij mij gered had, met zijn eenvoud en zijn intuïtie.

Het werd me vervolgens zonder meer vergund mij uit te strekken op het riante ouderlijk bed, waar ik in eenvoudige naaktheid tussen de lakens schoof. Maar niet in de verwachte of verhoopte slaap viel. Klaarwakker lag ik—klaarwakker van het meest volkomen geluk.

Of ik al voor het bad of erna even naar Aabee ben gegaan, een slaperige kantoorboekhandel, waar men onveranderlijk de enige klant was, in een ruimte die nog het meeste weg had van een schemerige huiskamer, onwaarschijnlijk gelegen op de doodkalme hoek van Meloenstraat en Abrikozenstraat—, voor of na het bad, dat weet ik niet meer. Maar waarschijnlijk voor. Want in de planning van mijn kantoorbehoeften was ik doortastend.

En zo lag ik daar dan: klaarwakker, met blanco schrijfbloc, een van de drie zojuist aangeschafte, in het ouderlijk bed, en tevreden bekeek ik het allerfleurigste voorplat van mijn *Verkeersblok*—want zo heette het blok van Aabee. Men zag er, in drie kleuren, verkeersborden op, alleen maar verkeersborden. Niet links afslaan, niet inrijden, stoplicht op rood, eenrichtingsverkeer, verboden voor fietsers, doodlopende weg, maar ik bevond mij allang op de snelweg, om mij kruisingsvrij te begeven waarheen mijn hart het mij ingaf.

Na een kortstondige nietslaap in het ouderlijk bed, in gezelschap van mijn blanco blocs van Aabee, stond ik weer op, kleedde me aan, verscheen tot verrassing van mijn ouders beneden, en wilde al afscheid van hen nemen. Maar daar kwam niets van in, eerst moest ik nog aan tafel met ze, en na het middagmaal las mijn vader voor uit de zaligsprekingen, uit niets minder dan de zaligsprekingen, hij durfde wel, moet ik zeggen, en daarna bad hij en zoals altijd zat ik er met open ogen en een half oor naar te luisteren, naar dat gebed van hem, op zijn allermeest een half oor, al hoorde ik wel dat hij zijn hart erin legde, maar ik moest er nu eenmaal weinig van hebben, dit onderworpen geloofsleven, te horen aan de sidderingen van zijn stem, en nog altijd werd in mij de volautomatische rebel gemobiliseerd, de oude puber, vanaf de middelbare school niet meer veranderd, die in zijn eigen logisch-positivistische uniform over zijn vestingmuur patrouilleerde zolang het alarm duurde, en intussen hield ik het oog gevestigd op de foto van Jan met de hand op de sinaasappel, op welke foto juist nu het volle schelle valse licht viel dat daar buiten geproduceerd werd tussen de wolkenluchten en de buien door. De zon scheen, en verlichtte blikkerend het hoofd, alleen het hoofd van mijn broer. Maar even later, terwijl het weer regende, werd hij helemaal zichtbaar, met streepjestrui, fruitschaal en al.

Terwijl mijn vader de zaligsprekingen voorlas, met al die geheimzinnige categorieën dergenen van wie het Koninkrijk der Hemelen zal zijn, die vertroost zullen worden, of verzadigd, of wat dan ook, want elke categorie krijgt weer wat anders, sommigen zullen de aarde beërven en anderen zullen God zien, enzovoorts, terwijl mijn vader ze voor begon te lezen kon ik er niet onderuit me af te vragen in welke categorie hij mij eigenlijk thuis vond horen, die van de armen van geest hoogstwaarschijnlijk, en die van hen die treuren vast en zeker, en misschien ook nog die van hen die hongeren en dorsten naar de gerechtigheid, maar de rest leek me minder van toepassing en eventjes overwoog ik hem te onderbreken in zijn voorlezing, en het hem gewoon op de man af te vragen:

—Zeg Pipo, zit ik erbij? Bij een van die zaligsprekingen? En als ik vragen mag, ik bedoel er niks kwaads mee hoor, maar bij welke categorie had u me gedacht?

Wat ik natuurlijk toch maar niet deed, hem interrumperen, want het was niet mijn bedoeling hem op zijn ziel te trappen, en moeder zat er ook al zo intens plechtig bij te kijken, met die onderlip naar voren. Ik kon me waarachtig niet weerhouden van een snik, kort en droog, eentje maar. Dat was nou ook weer niet de bedoeling. Maar ik wist dat hij geen enkel kwaad in de zin had, mijn vader, en toen ik direct na het eten weg wou, toen ging hij dus naar boven met die moeilijke heup van na het Roemeense auto-ongeluk, naar zijn studeerkamer, en hij kwam terug met het boek van Jan, dat ik hoewel ik het nog nooit gezien had onmiddellijk herkende en dat hij me gaf, ik mocht het hebben van hem, en waarmee ik even later in de verkeerde trein stapte.

De vrees om de draad kwijt te raken, de vrees voor onderbreking, de vrees alles weer te zullen vergeten: vandaar het godslampje, het oranje speldeknopje aan de versterker. Dat moest blijven branden wanneer de muziek niet klonk. Terwijl de naald boven de plaat moest blijven zweven zolang als ik weg was.

Aan één stuk door moest de muziek van mijn leven klinken. Maar ik onderbrak mijzelf en mijn muziek om de haverklap. Ik was doorlopend *even weg*. Omdat ik in de tussentijd een buitengewoon belangrijke missie te vervullen had, de ene nog belangrijker dan de andere, die ook al geen uitstel kon lijden. *Ben even weg*—dat was misschien, kort samengevat, wel de alles doortrekkende boodschap. Van mijzelf aan mezelf.

Ik vierde dat ik, na lang onderbroken te zijn geweest, na een langdurig opgeschort bestaan zogezegd, want zo zag ik het nu met plotselinge en overweldigende helderheid, ik vierde dat ik gebroken was geweest, maar nu alweer bijna geheeld, ik vierde mijn terugkeer overal waar ik afwezig was geweest en waar ik ontbroken had aan mijn schamele heden, mijn lege verleden, ik vierde mijn ononderbrokenheid en mijn volheid.

Mijn waanzin was het manifest en het festival van

mijn levenslust. Ik plukte de dag! Ik was de mens die durfde te leven. Ik werd elke dag geboren. Maar omdat ik heel ver weg al vreesde dat mijn gejaagde levenslust slechts een intermezzo vormde in mijn gebruikelijke grijsheid, was ik druk in de weer met het aanbrengen van versterkingen in mijn uitzonderingstoestand, ik verschanste me programmatisch in mijn ondraaglijk geluk. Steeds naijveriger werd ik op mijzelf, steeds beduchter ook voor het moment waarop ik niet meer ontvankelijk zou zijn voor mijn eigen boodschap.

Daarom schreef ik een doorlopend telegram, dat verzonden werd naar mijn toekomst, nu eindelijk binnen handbereik, mijn toekomstig zelf, het beloofde land waarheen het nu nog worstelend ik op reis was gegaan. Ik beoefende een écriture automatique, op elke vorm van papier, karton, verpakkingsmateriaal, vloei, vleeszakjes, plaatsbewijzen, wat er maar voorhanden was.

Op al dat papier probeerde ik de draad vast te houden.

Op al dat papier draafde ik van hot naar her, achter mijn glimpen van gedachten aan, mijn tempo verhogend tot ik de alomtegenwoordigheid dicht benaderd moest hebben. Ze boden plaats aan de schaduw van die alomtegenwoordigheid, mijn vodjes papier. Want mijn ideeën waren de zon van het goede al zo dicht genaderd dat ze hier beneden wel reusachtige schaduwen moesten werpen: op mijn papiertjes, mijn vodjes, mijn velletjes.

Mijn vrees voor onderbreking en onderbrokenheid was zo groot dat tijdens mijn gedachtenvlucht elk woord op zichzelf tot gedachte werd, en mijn universum kon bevatten. Elk afzonderlijk woord annexeerde de rest van de taal. Mijn vrees voor onderbreking en onderbrokenheid was zo groot dat elk punt van mijn doolhof ingang en centrum moest zijn.

Wanhoop beving me natuurlijk zodra het me maar even daagde dat ik later nooit meer wijs zou kunnen uit al die rommel die ik op de grond en op mijn werktafel zou aantreffen, rommel die ik niet eens meer zou kunnen herkennen als mijn aan een stuk door afgelegde oude huiden. Rommel, die maar al te veel zou kunnen lijken op wat er op straat achterblijft na het scheiden van de markt, werk voor de stadsreiniging, waar alleen een enkele volleerde zwerver nog even vlug iets van zijn gading uit haalt voordat de bezemwagens eraan komen.

Dus probeerde ik de keten van papiertjes aaneen te smeden met allereenvoudigste middelen. Ach, dat arme geheugen van mij, dat maar nauwelijks vermocht te bevatten wat ik in de afgelopen minuut nu weer had uitgespookt. Daarom: ging een bladzijde over in een andere, dan zette ik daar, aan het eind—want ik was overgeleverd aan algehele losbladigheid en voortdurende improvisatie—, aan het eind van zomaar weer een toevallige pagina zette ik dus een of ander eenmalig teken, een ideogram van eigen vinding, een glief, een hart of een cirkel met een pijl erdoorheen, of een huisje met deur en schoorsteen, welk teken ik herhaalde aan het begin van het volgende papier. Zoals een ambtenaar ter secretarie zijn stempels plaatst en zijn parafen. Om wat los en enkelvoudig dreigt te blijven direct aan de ketting te leggen, in te lijven in een administratief systeem, vindbaar te maken te midden van, en ondergeschikt aan, een groter geheel.

Dat geheugen van mij. Toen slechter dan ooit. Wie weet werd ik werkelijk wel herboren, als onbeschreven vel, als palimpsest, als gewiste diskette, als schone lei. Een *tabula rasa*, toe maar, waarom ook niet. Mijn geheugen was klein als dat van een kind.

Liters melk dronk ik, onbegrijpelijk veel melk, welke melk mijn lichaam verbazend genoeg niet meer scheen te verlaten, althans niet in de vorm van urine. Melk in inkt! Dat was blijkbaar het aan of zelfs door mij voltrokken wonder van waarlijk bijbelse allure: de voorheen toch heus witte melk wilde alleen nog voor de dag komen als zwarte, en blauwe, en groene, en rode inkt. Vreemde wederkomst. Wat door de mond inging als melk keerde getranssubstantieerd, geheimzinnig was het zeker, terug via mijn arm en door mijn pen.

Wat ik uit de wereld der kantoorbehoeften aan hulp kon mobiliseren in mijn strijd tegen het weigerachtig geheugen—viltstiften dik en dun, fijnschrijvers en vulpotloden, paperclips en stickertjes en systeemkaartjes en nietjes—, dat heette ik allemaal van harte welkom in mijn chaotische administratie. Er was niets waarvoor ik terugdeinsde om mijn eigen aandacht te trekken en te behouden: trefwoorden in rood, diepe gedachten in kleine groene kapitalen, blauwe gespatieerde uitroepen...

Jawe[1]: melk in inkt—en meteen was er een complete

melkmythologie op gang gekomen in mijn hoofd. Op het slagveld aldaar werden wijzigingen doorgevoerd, er werd gehergroepeerd, en voort ging het alweer, in galop—met een paar paardesprongen was de melk goed ingekwartierd: ik zag melk waar ik de blik ook wendde. Bij mijn oom Rein Reinsma, melkflessenspoeler in Californië! In de melkkan van mijn oma! Die natuurlijk niet zomaar op mijn werktafel stond... De oma die de zuster was geweest van mijn moeders moeder, en dienst had gedaan als mijn moeders tweede moeder. Aan haar borst had mijn moeder dus nooit gelegen— alleen al daarom had ik prompt dit bondgenootschap met de melkkan gesloten!

Mijn arme moeder had het zwaar te verduren, in mijn chiastische conceptuele constructies. Vaag was ik mij gaan herinneren dat zij direct na mijn geboorte, vlak na de oorlog, roodvonk had gekregen, in het kraambed. Daar lagen we, meteen al van elkaar gescheiden, in een noodziekenhuis te Zaandam met de omineuze naam De Barakken. Ik kende het verhaal: te weinig voeding, zijden draad. Bij de herinnering had zij altijd tranen in de ogen gekregen.

Maar van tranen kon een mens niet leven. Dat kwam niet in mijn kraam te pas. Ook al die latere tranen niet, die zij stilaan vergoot boven de kamerplanten. Ha! dan oom Rein, die mij en haar gered had, in mijn slordige herinnering, met medicijnzendingen en met melkpoeder en met gebruikte kleren uit Amerika. Tenminste, zoiets. Voor de historische waarheid moest je niet bij mij wezen. Ik was alleen geïnteresseerd in wat me uitkwam.

Ook een andere anekdote begon op te spelen, in dit

melkverband. Over wat de melkman aan de deur tegen haar gezegd had, destijds. Nog zo'n afgetrapt verhaal. Maar koren op mijn molen allemaal. Of mevrouw zelf voedde, had hij geïnformeerd, die man, aan de deur.

—Voedt mevrouw zelf, als ik vragen mag?
—Ja. Hoezo, melkboer?
—Nou, dat dacht ik al. Ik zeg altijd: magere koeien geven de meeste melk, mevrouw.

Mijn geheugen was klein als dat van een kind. Ik kon tot drie tellen. Meer dan drie dingen kon ik met geen mogelijkheid onthouden. En zelfs die drie dingen moest ik nog memoriseren, bij voorbeeld door ze in afgekorte vorm—vanwege de haast!—op papiertjes te schrijven, of met bewegende lippen voor mij uit te blijven mompelen zolang als dat nodig was.

Vaak bediende ik me ook van ezelsbruggen. Ik was blij wanneer drie woorden, die evenzovele te halen boodschappen in een notedop bevatten en die als agenda fungeerden voor het komend kwartier of half uur, zo vriendelijk waren om te willen beginnen of eindigen met dezelfde letter of klank. GELD, CROISSANT, KRANT: deze drie willekeurige woorden behelsden een ogenblik lang al mijn wensen, hun samenhang, en hun onderlinge rangschikking. Vanuit hun zekerheid kon ik het aandurven het huis te verlaten. Zij garandeerden de bodem waarop ik liep. Zij waren als een lamp voor mijn voet.

Mijn slaap, voor zover nog van slaap gesproken kon worden, was vliesdun geworden, een doorschijnende laag, een filmpje zweet, glinsterend in het licht van het kinderlampje dat mijn vriendin—geprezen zij de wijsheid van haar hart—in het stopcontact naast mijn hoofdkussen had gestoken, om mij gerust te stellen met zijn rood gepinkel als ik overeind gevlogen kwam uit mijn zoveelste desoriëntatie of nachtmerrie.

Soms werd ik wakker uit de oppervlakkige en rusteloze staat die niet of nauwelijks slaap mocht heten, en vroeg mijn gezellin, naast mij in het eigenhandig door mij getimmerde concubinale bed: 'Dozijn,' vroeg ik, 'zeg me: in welke houding slaapt een mens ook alweer?'

Lang geleden nu, die vraag. Lang geleden dat bed, de alkoof, het uitzicht door de deuropening waar de deur uitgehaald was, de kamer van mijn vriendin in. Het huis in die vorm, onze etage van toen, ze bestaan alleen nog op foto's.

Ik voelde me, zo zei ik haar, als liquid paper, als error-ex, als type-out, welke naam ze ook maar droegen, die plastic flesjes met het spul waarmee de fouten ongedaan gemaakt konden worden en hele woorden of zinnen, al naar het de corrector belieft, weggepenseeld konden worden en vervangen, zo hij dit wil, door andere woorden en andere zinnen.

Ik voelde mij, zei ik haar, maar zij antwoordde niet, en ik hoopte dat ik haar niet gewekt had, ik voelde mij als woorden en zinnen die op een papier hadden gestaan, maar nu losgeweekt waren in een bad van errorex, en daar ronddreven, of al gezonken waren.

Ik voelde hoe ik op het water golfde als blanco papier.

Drie etmalen bracht ik aan en onder mijn werktafel door, in mijn vreemde uitdossing. Ik wilde daar niet meer weg. Daar, aan mijn zelfgetimmerde L-vormige werktafel, die naar verkiezing uitzag op het raam of op een wand met boeken, speelde zich plotseling mijn hele leven af.

Ik wilde mijn kamer niet meer verlaten. Net zo min als mijn kamerjas, die ik onafgebroken droeg. De ribfluwelen kamerjas, mij door mijn moeder gegeven met Sinterklaas, lang geleden.

Daarbij droeg ik, bij wijze van zonnebril, een uiterst louche geval met gecoate glazen die mijn ogen onzichtbaar maakten. Het was mijn eerste bril, vroeger als scholier door mij gedragen. Een model uit de jaren vijftig dat intussen antiquarische trekken had verkregen. Deze bril, die bij zijn opvolging door een ander montuur met iets sterkere glazen destijds *gecoat* was (nieuwste van het nieuwste), om nog als zonnebril te kunnen dienen, was nu door mij uitverkoren omdat ik toenemend last had van het schelle licht.

Alle licht, zowel daglicht als kunstlicht, was te schel geworden voor mijn krijtdroge ogen.

Daar zat of lag ik dus, aan mijn tafel, of eronder—in

een oudgediende slaapzak, zaklantaren binnen handbereik. En verliet mijn kamer onder geen beding. De luxaflex was nog altijd neergelaten. Langzamerhand wist ik nauwelijks meer wat ik deed, of ik waakte of sliep, een soort Endymion was ik geworden met mijn korrelige kurkdroge ogen. Ik was mijn lichaam geheel ontstegen. Halfslaper, halfwaker. Zo af en toe krabbelde ik, de lantaren aanknippend, met mijn pen op papiertjes.

De geschiedenis van mijn kamerjas, schreef ik op. Of: *De geschiedenis van mijn slaap*. Tevens: *De geschiedenis van mijn naaktheid*. Zomede: *De geschiedenis van mijn zonnebril*.

Een moeder behoorde haar zoon geen kamerjas te geven, zo meende ik. Daar lag ik, en krabbelde. Op de grond, in mijn slaapzak, met mijn bril van vroeger, van middelbare school en puberteit op; tot het ochtend werd, en ik het hardnekkig resterend bewustzijn misschien voor een paar uur verloren had.

Nam ik het mijn oude moedertje kwalijk, in die slaapzak, dat zij destijds zulke prachtige benen had? Maar dat was mijn oude moedertje toch zeker niet? Dat was mijn jonge, machtige moeder.

Maar was *ik* het wel, die haar hier nu iets kwalijk nam?

Dit was een voortdurende kwestie: oude grieven, wie die nu eigenlijk had, en tegen wie. Niemand kon in zijn verleden iemand alsnog van de trap sodemieteren, zo vatte ik de kwestie in ruwe orakeltaal samen.

Natuurlijk was dat mijn oude moedertje niet. Dat was mijn jonge, machtige moeder met haar prachtige benen in haar naoorlogse nylons. Ik ben zojuist thuisgekomen uit school. Ik heb mijn boekentas geopend en er de historische schoolatlas van De Bont uit genomen, want ik houd van geschiedenis, net als mijn vader, de geschiedenisleraar, en deze atlas van De Bont, waarin ik ook werkelijk wel eens wat op moet zoeken, bij wijze van huiswerk, ligt op mijn schoot.

Ook houd ik hem wel studieus omhoog tussen beide handen, half voor mijn gezicht. Ik zit schuin tegenover de stoel waarin mijn moeder, ik weet het maar al te goed, zich zometeen alvorens boodschappen te gaan doen het voorkomen van een dame zal verschaffen. Waarvan de finishing touch het aantrekken der kousen is. Hetgeen zij 's winters beneden doet, niet in de koude slaapkamer waar zij haar grauwe werkstersuitrusting aflegt en inruilt voor het tenue van een winkelende dame.

Beneden doet zij dat dus, vlak naast de kachel.

Direct na thuiskomst heb ik al positie gekozen, in de stoel schuin tegenover het aanstaande tafereel. Op decente afstand gehouden door de eikehouten zogenaamde kloostertafel zit ik daar met die atlas van De Bont, soms ook wel met een ander boek dat me interesseert, *Opgravingen in Bijbelse grond* bij voorbeeld, of *Goden, graven en geleerden*, archeoloog wil ik worden, ik vind het opwindend dat beschavingen sporen hebben achtergelaten die blootgelegd kunnen worden, dat opgravers als detectives naar de scherven in hun handen kunnen staren. Scherven die ze met kleine schepjes, misschien kinderspeelgoed, opgegraven hebben.

Met volledige overgave heb ik geluisterd naar de leraar geschiedenis op het gymnasium waar alles nog zo nieuw voor mij is. Met zijn nasale stem begon hij in de allereerste les meteen met een uit de duim gezogen verhaal.

'Jongelui...' zegt hij met zijn geknepen stem en zijn indrukwekkende kaakwerk.

Drs. H.J. Nannen, een van de wijd en zijd beroemde auteurs van het boek *Wereld in wording*, in het eerste deel waarvan wij nu begonnen waren. 'Jongelui,' zegt hij dus, 'ben ik een keer op de Veluwe. Kleine zandverstuiving.—O, denk ik. Hier moest ik maar 's gaan graven. Ik graaf, en na een poosje, jawel, wat voel ik daar...'

Ademloos luisterden wij naar hem, ook al was ik door mijn moeder gewaarschuwd voor zijn verzinsels, mijn moeder hield alleen van de waarheid, die zij kende. En van mijn oudere broer en zus had ik het ook al gehoord: die Nannen vertelt maar wat. 'Jongelui,' deed mijn zus hem na, 'jongelui, toen ik laatst bij de Koningin was—die mij ontboden had omdat ze wilde weten hoe het nu eigenlijk zat met...'

God hebbe Nannens ziel. Ik hield van hem en ik herinnerde me, met de nutteloze precisie van een herinnering waarvan de eigenlijke context geheel verloren was gegaan, dat ik op school, bladerend in die historische atlas van De Bont, een kleine plaats gevonden had, Nursia, en mijn kaken stijf op elkaar had gehouden. Woedend.

Want Nannen had mij een of ander klein onrecht gedaan, in mijn slaapzak wist ik in de verste verte niet meer welk onrecht dan wel, het onrecht zelf was allang vergaan, maar de omtrek ervan, de schelp waarin het weekdier van het onrecht gehuisd moest hebben was bewaard. Nannen had me iets niet gevraagd wat hij me juist wel had moeten vragen, of een antwoord niet gehoord dat ik wel degelijk gegeven had—hoe dan ook. Kortstondige onmin, conflict van niks, maar hevig gekrenkt in mijn eer, waarvan ik veel te veel had, ik was gemakkelijk te krenken, had ik in mijn schoolbank gezeten, en doelloos in mijn historische atlas gestaard.

En toen had Nannen willen laten zien waar Nursia lag, en de klas de atlas ergens laten openslaan bij een kaart waar Nursia nu juist niet op aangegeven was. Kort na de krenking gebeurde dat, en *ik* wist op welke kaart—zeg maar 19B, en dan in de inzet—dat Nursia van Nannen lag, en ik besloot tot mijn zoete oppermachtige wraak. IK ZWEEG! Niks geen: 'Eh, meneer, ik...' Welnee, ik zweeg, de pot kon hij op met zijn Nursia, zijn Benedictus en zijn atlas.

Enfin, zo zat de scholier dus gereed achter zijn De Bont, gereed voor de opwindende ceremonie, de aantrekking der kousen: ter opwekking, verkrijging, en zo lang als noodzakelijke behouding der erectie. Kwansuis met het hoofd in Nursia of op de Veluwe, in werkelijkheid louter en alleen aanwezig in zijn pik.

Ik was mijn pik.

Dat wil zeggen: ik was mijn pik, op afstand bestuurd en onderhouden door het oog, enkel en alleen door het oog. Met in mijn handen weliswaar de atlas, waarin ik zo nu en dan maar eens een bladzij omsloeg om niet al te roerloos te zitten.

Na al die tijd had ik, de man in de slaapzak, er nog

steeds geen notie van wat mijn moeder—in haar hoofd daar in de verte naast die rustig brandende haard, in de hersens onder haar kapsel, want dat had zij toen, een kapsel—nu eigenlijk dacht. Dacht zij überhaupt? Waaraan dan? Aan boodschappen?

Zij moest gedachten hebben, hoog boven haar dijen, want ze sprak wel eens. Een doodenkele keer zei ze wel eens iets tegen mij. Waarbij ik, dat meende ik volkomen zeker te weten, verondersteld werd niet op te kijken. Of heel misschien toch, maar dan alleen naar haar ogen. Maar gesteld al dat zij mij op een blik had willen betrappen, of gemeend had er op die manier een dam tegen op te werpen: ik was zo doorkneed geweest in de snel geworpen steelse tussentijdse blik, de blik van de gespleten seconde, zo'n weergaloze specialist was ik daarin geweest, dat ik eventuele kampioenschappen moederloeren met vlag en wimpel gewonnen zou hebben.

In die toch korte ceremonie van de aantrekking der kousen kende ik de geleding en de herhaling van de diverse handelingsonderdelen op mijn duimpje en wist ik precies: nu kijkt zij naar jarretelknoopje nummer een, nu kijkt zij even op, naar mij, haar brave atlasstudent, nu maakt zij knoopje nummer twee vast, enzovoort. Het ene been was helaas alweer afgelopen, daar was het andere al aan de beurt. En toch duurde deze verboden tijd wonderlijk lang, met zijn onafzienbare rijkdom van knoopjes en zones. Ik zat daar en keek. Ik voedde de kracht van mijn erectie. Ik laadde hem op, mijn pik, als een batterij.

Ach, dat omhoogschuiven van rok of jurk, dat schitterende ogenblik. Hiervan moest het woord *ogenblik* wel stammen, van dit indrukwekkende moment, dit gaan zitten in de juiste houding ook, een beetje scheef. Geruisloos tilde ze één ragfijne zogenaamd vleeskleurige kous op, zo'n vederlicht bijna onstoffelijk weefsel, deed hem binnenstebuiten, maakte er een 'teentje' in, wat wij ook altijd moesten met onze sokken. Vervolgens draaide ze de kous zo dat de naad aan de goede kant zou komen te zitten, midden op het achterbeen.

En daar kwam de kous dan ten slotte omhoog. Vliegensvlug steeg hij van de enkel af op; steeg hij tot de nog gebogen knie; werd het been even vooruitgestoken en opnieuw gebogen; en kwamen bovenaan de lelieblanke dijzones tot stand.

Volkomen losgemaakt van de rest van het been waren ze. Dat deed de geheimzinnige donkere rand van de nylonkous. Of eigenlijk waren het twee randen. Donker en nog donkerder. Als om de schok nog aanmerkelijk op te voeren. Van de abrupte overgang van de kous naar het contrasterendste blank dat maar denkbaar was, die vreemde zone, dat niemandsland, uitsluitend overspannen door die smalle bruggetjes van, ja hoe zouden die dingen in vredesnaam heten, zou de fabrikant daar een term voor hebben, die elastische onderhouders van de verbinding tussen hoog en laag.

Eerlijk gezegd dacht ik er als schooljongen nooit over na wat zich boven de lelieblanke zones mocht bevinden, en of zich daar nog wel iets bevond. Voor mij hield de wereld daar op. En ging over in een duizeling, niet ongelijk die welke de eerste grote zeevaarders gekend moesten hebben, toen zij over een nog schotelvormige wereld voeren, onverschrokken de rand tegemoet.

Erachter was niets, daar hield de wereld op.

Mijn handen hielden de atlas vast, haar handen maakten de knoopjes vast, en hop! daar trok zij haar rok of haar jurk alweer in de alledaagse positie, het was afgelopen, ze ging haar bontjas aantrekken, winter was het immers en dames droegen bontjassen, en zo, bekwaam vermomd voor volmaakt onverschillige winkeliers, groenteboeren, kruideniers, bakkers, slagers, visboeren, schoenmakers, drogisten en melkboeren verliet zij het huis.

En ik, haar scholier? Jawel. Op mijn zolderkamer.

Op mijn zolderkamer, met aan de binnenzijde de bizarre glas-in-loodramen, zonder twijfel afkomstig uit een gesloopte kerk, en door de vorige bewoners, weinig perfectionistische doe-het-zelvers, kennelijk beschouwd als een handige oplossing om naast het schamele directe daglicht uit de raampjes van de dakkapel nog wat extra groenbruin schemerlicht binnen te krijgen van de andere kant af, waar de kerkramen uit het triplex wandje eronder oprezen tot de nokbalk. De zolderkamer, waar de door mijn moeder eigenhandig grasgroen geschilderde twijfelaar bijna de hele kamer in beslag nam.

—Je zult eens zien wat een leuk bed dat wordt, jongen, als meneer Snets er straks mee klaar is.

Meneer Snets moest er de majestueuze hoofd- en voeteneindopstanden afzagen om aan het ledikant zijn onverdraaglijk geworden ouderwetsheid te ontnemen; waarna zij het gehorizontaliseerde bed schilderenderwijs had binnengevoerd in de nieuwe tijd.

Welnu. Daar dus.

Ik, de man met de zonnebril in de slaapzak, rolde een shagje en probeerde me te binnen te brengen welke sigarettenmerken ik zoal gerookt had, welke shags, met wat voor soorten vloei, en hoe dat alles eruit had gezien, respectievelijk er nog altijd uitzag.

Ik bestudeerde het pakje vloeitjes van de firma Rizla Croix dat ik in mijn hand hield. En wel in de bij mij favoriete variëteit Rizla Blauw. Terwijl ik er het bovenste flinterdunne rijstpapieren vloeitje uit trok, mompelde ik: 'Rijsthet Kruis, wat een *krankzinnige* naam, zeg!'

Ik bewonderde het tijdloze voorkomen van zo'n bovenste vloeitje, dat niet—nou, nauwelijks—verried of het 't eerste dan wel alweer bijna 't laatste was. Ik bewonderde het zigzaggend in elkaar grijpen van de vloeitjes, om en om, ogenschijnlijk zonder ophouden. En altijd was het er maar eentje die zich daar in gereedheid hield voor zijn roller en roker, half te voorschijn getreden uit het gleufje in het karton, half achtergebleven, discreet als een ober die in een ooghoek gereedstaat. Ook bewonderde ik, op het dunne kartonnen flapje dat als omslag van het vloeitjesmapje fungeerde, het fijne kaderlijntje in het centrum waarvan zich het kruis bevond, met de woorden Rizla Croix—in een woord: ik bewonderde alles wat ik zag, tot en met de vernuftige vouwconstructie van het kartonnen houdertje van de vijftig vliesdunne papiertjes, de vouwconstructie die ik mijzelf nu, na er alle vloeitjes een voor een uit getrokken en op een stapeltje gelegd te hebben, voorzichtig liet zien door het hele minieme doosje uit te leggen in het platte vlak. Jawel, ik meende in 'alles' te lezen wat er in code geschreven stond.

GESCHIEDENIS VAN HET ROKEN. GESCHIEDENIS VAN DE LAATSTE SIGARET, IN VOORTDURENDE RELATIE TOT SVEVO. GESCHIEDENIS VAN HET VERPAKKINGSMATERIAAL. KLEINE ICONOLOGIE VAN HET ROKEN—ziedaar enige titels van de vele verhandelingen die ik mij voorgenomen had te schrijven. Mettertijd, wanneer ik als een phoenix uit mijn as herrezen zou zijn.

Dat kruis—het was werkelijk heel eenvoudig allemaal, mijns inziens. Vijftig laatste ademtochten, las ik erin, vijftig zuchten van verlichting. *Ik blaas even mijn laatste adem uit, dan is dat alvast maar gebeurd.* Vijftig sponzen wijnazijn waren het, aangeboden door dubbelzinnige Romeinse soldaten. Vijftig overlijdensberichtjes ook, nog eventjes blanco gelaten allicht, met de hier passende terughoudendheid, nog te bedrukken als het ware, iedere ademtocht kreeg zijn eigen schone lei, naar eigen inzicht en volgens individueel patroon vol te kladden. Het was dus vooral een envelopje, dat doosje, met vijftig doorzichtige berichtjes erin. Kijk nog maar eens naar dat kaderlijntje buitenop, met dat kruis erin. Enfin, zo maalde mijn geest in alle onrustige rust voort met de enorme stenen die overal weg mee wisten.

Het was ontegenzeglijk dat de eerste sigaretten—heel goedkope, *Runner* geheten, wat een naam voor zo'n toch al hoogst vluchtig genot—en de eerste elementaire seksuele verrichtingen, of liever de monachale seks, de kluizenaarsseks, het geruk bedreven op de grasgroene twijfelaar, als parallelle verschijnselen hun opwachting hadden gemaakt op plusminus hetzelfde moment, misschien wel tot op de maand nauwkeurig zelfs.

Beide zonden waren mij bijgebracht, als mannelijke mogelijkheden, door dezelfde goede en trouwe vriend van lagere en middelbare school, Kees van A.

Geen flauw idee hoeveel maanden, jaren of decennia er hadden kunnen verlopen voordat ik, wie weet, min of meer zelfstandig op het idee zou zijn gekomen. Nee, ik had echt van niks geweten.

Maar het was niet eenvoudig om dat simpele niks van vroeger, dat piepkleine maar wereldomvattende niks, als je dat kon zeggen van welk niks dan ook, zelfs maar bij benadering op te roepen: het niks van toen besloeg, zonder dat ik 't besef had of kon weten, eenvoudigweg alle ruimte en alle tijd.

Kijk, dat er geregeld mensen geboren werden, dat wist ik natuurlijk wel. Dat ze doodgingen wist ik op mijn manier evenzeer. Maar van de wijze waarop ze geboren werden, daarvan had ik geen enkele voorstelling.

Ik geef een voorbeeld. Als het mogelijk zou zijn geweest, voor jongens en mannen, om een plas te doen zonder dat je zelfs maar *wist* dat je een plas deed, dan zou die mogelijkheid bij ons thuis met beide handen aangegrepen zijn. Dat het slurfje waarmee wij onze plas deden nog een tweede aanwendingsmogelijkheid bezat, het was mij volkomen onbekend. Hoe had ik het ook moeten weten in mijn keurig geordende wereld waarin zelfs mijn moeder nergens van af wist.

Ik herinnerde me hoe ik in Krommenie, ik wist de plek nog precies: vlak bij de hal, onder aan de trap, naast de paraplubak, bij de kapstok, iets in of aan mijn slurfje had gevoeld dat ik aarzelend voor pijn had gehouden.

Iets licht onaangenaams, het slurfje was hard geworden, maar zelfs dat had ik vermoedelijk niet eens geweten of zo kunnen zeggen, iets vreemds had zijn opwachting gemaakt, iets dat van buitenaf kwam—een verandering, niet minder opzienbarend dan die van water in ijs of van water in wijn—had mij met schrik en onbehagen en bezorgdheid vervuld.

Ik meldde het mijn moeder. Ik herinnerde mij hoe ik daar op die plek stond. Het was de plek geworden waar aan de totstandkoming dan wel de continuering van het grote niks een eerste beslissende bijdrage was geleverd door mijn moeder.

Ik herinnerde mij hoe ik daar op die plek aan mijn moeder, mijn stoffende of dweilende of soppende of poetsende of wrijvende moeder, een vraag had gesteld terwijl zij de trap afdaalde. Vooralsnog had ik het probleem gecategoriseerd als een van de zaken van ziekte en gezondheid, dokters en huisapotheek, ouders en pleisters.

Maar haar antwoord kon ik me niet herinneren. Daar was een gat gevallen. Ik herinnerde me alleen de eigen vraag. Als vier?-, vijf?-, zes?-jarige. Want ik was nog thuis, ik had nog niet op school gezeten. Haar antwoord moest er op de een of andere voor mij niet meer te achterhalen manier toe hebben bijgedragen dat de erectie voortbestaan had als een onrustbarend, onverklaarbaar Fremdkörper. Los van al het andere.

Ja, vreemd was het, 't lichaam, ook al was het mijn eigen lichaam dat ik wekelijks liet weken in het warme water van het ligbad in de stad waar wij heen verhuisd waren een paar jaar na de dood van de broer boven en de zus onder mij.

Ik had de gewoonte ontwikkeld langdurig en roerloos in dat ligbad te liggen, met een boek, de lighouding in het bad min of meer beschouwend als een weinig comfortabele onderbreking van meer geëigende leeshoudingen.

Ik las tot ik compleet afgekoeld was en het vuil op het water dreef, vanzelf losgeweekt en naar de oppervlakte gestegen. Het hoofd, dat uit het water stak, droog, evenals het boek in mijn handen. Hoofd en boek: het noodzakelijk intermediair tussen die twee was de hand.

Het lichaam, ook later nog, hinderde mij vaak als iets dat snelheid ontnam aan de geest, als een te traag vervoermiddel van die geest. Als een boemeltrein met te veel stopplaatsen voor de ongeduldige passagier aan boord, die liever zou vliegen, van metropool naar metropool, en liefst zonder dat er tijd aan te pas kwam.

Tijdverlies—veel, misschien wel alles dat met het lichaam verbonden was, leek me tijdverlies. Eten: tijdverlies. Ik herinnerde me hoe ik in mijn puberteit en ook nog lang erna eten een verachtelijke, laagbijde-grondse en vooral primitieve bezigheid had geacht. Veel liever ware het mij geweest me met kleine pillen te voeden, hetgeen ook een eenvoudiger en moderner ontlasting zou hebben opgeleverd.

Slaap: tijdverlies. Jarenlang had het me geërgerd dat een mens had te slapen. Zonder dat het iemand duidelijk was waartoe slaap dan wel diende! Een derde van het leven vergooid aan slaap...

Zo ook verplaatsing: tijdverlies en verspilling. Soms slaagde ik erin mijn hoofd zozeer los van mijn overige lichaam te laten functioneren dat ik me als in een droom verplaatste. Geen idee van verkeerssituaties en stoplichten: had het op rood gestaan toen ik kwam, of was ik doorgereden omdat het groen was—ik was mijn eigen automatische piloot. Ik dacht. Of las, als dat kon. Soms las ik zelfs staande in drukke bussen nog, met de ene arm hangend aan een lus. Of lopend op trottoirs, af en toe snel opziend van mijn boek, ter vermijding van eventuele botsingen en ter lichte correctie van mijn koers.

Fremdkörper, nauwelijks deel van mijn lichaam zelfs: mijn geslacht. Dat was het Fremdkörper der Fremdkörper.

De een noemt zijn geslacht zonder bedenken zijn pik. Een ander spreekt in elk geval zolang hij jongen is onbekommerd van zijn piemel. Sommigen hebben niets tegen hun lul. Weer een ander heeft er een opgewekte bijnaam voor bedacht. Onafzienbaar groot zou het woordenboek zijn dat alle publieke en particuliere namen zou bevatten, even duizelingwekkend verscheiden als het ding zelf in zijn duizend gestalten.

Geen van mijn ouders had ook maar een keer enig woord gebruikt ter aanduiding van welk geslacht dan ook, van onverschillig wie van hen of van ons, of van enig ander mens ter wereld, of van enig ander dier.

Wel: *Die jongen heeft een flinke blaas* (mijn vader). Wat nog duidde op een zekere vaderlijke trots op het vermogen van zijn zoon om te kunnen 'ophouden'. Zoals vastgesteld tijdens de lange Tiroler wandelingen.

Voorts was daar nog het moederlijk gezegde: *Pas op hoor, of ik pak je!* Gezegd, toen ik nog klein was, terwijl ze een dreigend-grijpende beweging maakte, voor de aardigheid. Waarbij haar hand zich resoluut fladderend op weg begaf naar de korte broek, en de drager van de korte broek zich in dit schertsend handgemeen zodanig diende te verweren dat de moederlijke hand het kruis onder geen beding mocht bereiken.

Pas op hoor, of ik pak je. *Je*—hoe moest deze stijlfiguur eigenlijk genoemd worden? Dit was een omgekeerd *pars pro toto*. Dit was een geval van *totum pro parte*, van het geheel voor het deel! Ongelooflijk: toen was ik nog een en ondeelbaar, een schitterend geval van metonymie.

Vreemd te bedenken dat de spelregels, van dit opmerkelijke spel rond het nog onschuldig geachte monster zonder naam, toch op enigerlei wijze overeengekomen moesten zijn, of liever bijgebracht.

—*Ik zie je jeweetwel...*

Dat heeft zij ook een keer gezegd. Heel veel later. Samenzwerend en fluisterend, alsof dit geheim de vijand (de rest van het gezin, lui hangend en liggend in rotan stoelen, achter het huis) tot geen prijs ter ore mocht komen. Ik droeg een korte broek en daaronder, zo bleek, een onderbroek met zulk slapgeworden of verdwenen elastiek dat een van mijn ballen een beetje naar buiten was komen kijken. Ja, misschien was dat bij nadere beschouwing wel de meest accurate aanduiding voor het ding, de plaatselijke oneffenheid, het wormvormig aanhangsel, de kromme kaars. Mijn ikwistwel.

Treurig lag ik, de man met de zonnebril, in de slaapzak en herinnerde me hoe ik als jongen, in een vermetele opwelling van nieuwsgierigheid, een keer toen ik niet las in bad, misschien had ik mijn boek wel uit, de voorhuid, die nog geen naam had, heel voorzichtig een eindje omlaag had getrokken langs de eikel—idem.

Niets had nog een naam gehad: de onderdelen van het ding dat nog geen naam had, hadden gedeeld in een en dezelfde naamloosheid, het waren niet nader onderscheiden delen geweest van mijn *terra incognita*, mijn poolgebied waar ik nu, met weergaloze moed, een expeditie ondernam van enkele millimeters.

Een klein stukje trok ik de voorhuid omlaag, een heel klein stukje maar, en plotseling was ik vervuld van de reusachtige angst iets onherstelbaars aan te richten: in een visioen zag ik duidelijk voor me hoe het bolletje zometeen, als ik niet oppaste, geheel los zou blijken te zitten en hoe het op het water van het bad zou drijven in nieuwe zelfstandigheid en ik het nooit, nooit meer terug zou weten te krijgen in dat dunne huidje van niks dat ik nu in allerijl weer veilig rond het bolletje sloot, het ongekende bolletje.

Ik knipte de zaklantaren aan en pakte een vloeitje. Vergeefs dacht ik, historicus van eigen kamerjas en eigen bril, na over het verbluffende vraagstuk van mijn voyeurschap van de benen van mijn moeder.

Had zij de jongen in de stoel schuin tegenover haar dan een algehele ongeslachtelijkheid toegeschreven? Was zij zich van haar schitterende benen met hun diverse zo lichtgevoelige zones totaal onbewust geweest? Of was zij, heel misschien, gespleten geweest in een bovendeel dat van niets wist—een bovendeel dat zich uitstrekte, simpelweg, van het hoofd tot en met de romp—en een onderdeel, de benen, dat zich knipogend liet zien?

Was het mogelijk dat haar seksuele faculteit een beetje aan het zwerven was geraakt als het ware en op eigen houtje opereerde, nu eens hier opduikend dan weer daar? Steppenlandschap, dun bevolkt.

In mijn barre en boze puberteit had ik me bij wijze van hulpconstructie en uit landerigheid weleens voorgesteld dat mijn ouders uitsluitend tot elkaar hadden kunnen komen met behulp van het Handboekje—een door mij gepostuleerd handboekje getiteld *Handboekje behulpzaam bij de voortplanting van gereformeerde onderwijzers te Krommenie*. Dat wat mij betreft zo in de boekenkast had kunnen staan, tussen *Knaur's Konversations Lexikon* en *Helleense Mythos*.

Zo lag ik daar, maar voelde wel: tegen dit ondoorgrondelijk raadsel legde ik het af. Ik stak mijn sigaret op en keek de rook na.

Mijn kleine dierbare loodzware Oostduitse Kolibri was onbruikbaar geworden in het heetst van de strijd. Een van mijn initialen, mijn voorletter nog wel, was gebroken. Ik was radeloos. Natuurlijk was ik ervan overtuigd dat hiermee een direct levensbedreigende situatie was ontstaan: een mens kon niet voort zonder zijn voorletter.

Mijn vader had me zijn Olympia te leen gegeven. Hij had me uitgelegd hoe het moest. Ik had geknikt en de machine in ontvangst genomen. Maar nu kon ik de wagen niet loskrijgen!

Voorheen had ik, ook zonder uitleg, altijd alle wagens van alle schrijfmachines kunnen loskrijgen. Waarom uitgerekend de wagen van mijn vaders schrijfmachine niet?

Kostbare tijd ging verloren! Welke buitengewoon belangrijke aantekening had ik willen maken, zoëven? Vooruit, met de hand dan maar weer. Hier, op dit papiertje bij voorbeeld. *Dura lex, sed lex*. Was dat het niet? En wat was het verband ook alweer met dit glas waaruit ik zoveel water dronk? O ja, DURALEX glazen...

En toen wilde ik weten waar dat eigenlijk vandaan kwam, dat *dura lex, sed lex*. Voortdurend wilde ik weten

waar dingen vandaan kwamen. Kwam het uit de Romeinse Keizertijd, of klonk hier, in dit lapidaire Latijn,
de fiere republiek nog door? Was het misschien een
stukje dat losgeraakt was uit een redevoering van Cice-
ro? Dat wilde ik opeens per se weten. En ook, welke
wet er eigenlijk bedoeld werd als het om glas ging dat
wanneer het brak in duizend stukjes brak, als autoglas?
Want dat deed zo'n dik DURALEX glas, naar bekend.

Waarom toch, die naam? Behelsde hij soms een geheime waarschuwing aan de koper, mogelijk zelfs een
wijsgerige vertroosting voor wie oren had om te horen? Wat anders immers kon bedoeld zijn dan de harde
wet dat alle glas breekt wanneer zijn tijd gekomen is?

Ik krijg de machine niet aan het werk. De wagen zit
vast. Waarom zit de wagen vast? De wagen moet los!
Want mijn handschrift, ik ben bang dat ik dat straks
niet meer zal kunnen ontcijferen...
—Bel je vader toch. (Roept mijn vriendin uit de ande-
re kamer.)
    Ja, dat ga ik doen.
—Vader, de wagen zit vast.
    Wat heeft hij toch een lieve stem, mijn vader. Hoor
nou toch eens hoe vriendelijk hij zijn malende zoon
uitlegt dat er een palletje is...
—Een palletje?
—Ja, een palletje, en dat palletje...
—Aan de zijkant?
—Nee, niet aan de zijkant, maar...
—Hoe ziet het eruit?
—Het steekt omhoog.
—Maar waar dan?

—Dat wou ik je al die tijd al vertellen, jongen, maar je laat me niet uitspreken.

—Sorry, Pipo.

—Links, aan de linkerkant van de machine, daar steekt iets omhoog, zie je dat? Als je dat naar voren haalt...

—Ja, maar dat helpt niet.

—*Naar voren*, naar je toe... Begrijp je dat? Anders kom ik wel met de auto naar je toe...

O, bedoelt hij dit? Naar me toe. O god, ja.

—Ik zat alsmaar aan de regelafstand, Pipo.

—Nou jongen, het beste maar weer!

—Mijn STM is momenteel heel slecht.

—Wat zeg je, jongen?

—Mijn geheugen op de korte termijn, mijn short term memory. Dat dat heel slecht is momenteel.

—O. Maar nu heb je het wel begrepen hè, van dat pal-letje?

Ik dacht dat ik de teugels van mijn waanzin stevig in handen had. Dat het in razende vaart ging allemaal, toegegeven. Maar het ging zoals *ik* het wenste! Ik was het zelf, zo meende ik, die tempo, route en doel bepaalde. Ik omarmde het lot, en het lot mij.

—Ga je niet wat erg hard, Tjit?
—Ik kom in een ijltempo tot rust!

Het was in feite de nauwkeurige omkering van het klassieke *festina lente*, haast u langzaam, ook al zo'n behulpzame paradox. Maar de mijne had als extra dat zweempje van de koortsdroom. Het ging me niet alleen om het ijlen van de bode die ik was, mijn eigen ijlbode, ook de notie van dat koortsige, haastige spreken was van harte welkom in mijn devies.

Waarom had ik eigenlijk zo'n haast? Waarom kon het niet wat langzamer met die waanzin van me? Want ik jakkerde achter mijn gedachten aan, en om ze nog zo'n beetje bij te kunnen houden, moest ik me wel bedienen van steeds gebrekkiger hulpmiddelen. De stijl van de boodschappen en inzichten die te mijner attentie arriveerden werd alsmaar telegramachtiger en kreeg uiteindelijk iets van een reeks sos-seinen. Slapen was er niet meer bij.

—Heb je helemaal geen slaap?
—Ja zeg, ik zal daar een beetje gaan slapen! Ik heb voor mijn leven genoeg geslapen hoor. Nou wil ik wel eens uitgeslapen zijn. Ben ik eindelijk uit mijn winterslaap ontwaakt, zal ik meteen weer braaf naar bed gaan, zeker? Kom nou.

Eindelijk, ten slotte, voortaan: dat waren de woorden. Mijn vroegere leven lag achter me, en 'de rest' van mijn leven lag voor me. Maar juist dan: waarom zo'n haast? Gewoon, omdat ik het anders onmogelijk bij kon benen—men moest mij maar vergelijken met een zeerover die op het onbewoonde eiland eindelijk de schat gevonden had en in een razend tempo met trillende handen zijn zakken stond vol te proppen.

Wie zich haast, heeft begrepen.

Literatuur vergezelde mijn waanzin in hoge mate. Onrustig kon ik overeind vliegen, naar de boekenkast lopen, er een boek uit te plukken. Om dat een poosje in de hand te houden. Waarbij ik de titel in het oog vatte als een vertrouwd gezicht, onder goedkeurend gebrom en geknik.

Het was om de titel te doen. Die ogenblikkelijk volliep. Zoals in de enkele naam van iemand die je kent de hele persoon met alle eigenschappen en eigenaardigheden al besloten ligt, voor jou. Nou en of, *Monsieur Teste*. Absoluut, *Chrysanten, roeiers*. Zonder twijfel, *Dark as the grave wherein my friend is laid*. Ik legde ze ergens neer.

Her en der lagen ze, de kleine stapels die in hun toevallige maar veelzeggend geachte arrangement het woord moesten doen namens mij. Nu eens was het dit stapeltje dat de honneurs waarnam, dan weer dat. Ze fungeerden als een soort van hoofdkussens. Ze vormden mijn gezelschap.

Mijn leven was als een gepavoiseerd schip dat onder stoom lag. Vrolijk wapperden, als dundoeken, overal de titels.

Ik was in de inloopzaak 'Univers'. De hoeveelheid kranten die ik aanschafte was imposant. Naast de kassa lag al een haastig stapeltje van diverse Nederlandse dag- en weekbladen.

—Nu nog even de rest.

Prevelend liep ik rond—*Le Monde, Frankfurter Allgemeine, Die Zeit, New York Review of Books, La Repubblica*—en deponeerde de oogst boven op de gereedliggende stapel.

—De *Osservatore Romano* heeft u niet?
—Daar heb ik geen vraag naar.
—*Ik* vraag er toch naar?
—Tasje doen, meneer?

Met licht geweld werd de stapel in een plastic tas geperst waarop de woorden 'Souvenirs Rookwaren' stonden.

Het was zo'n tas die de moderne mens, als hij niet oppaste, bij het minste of geringste in handen gedrukt kreeg. Vaak zat ie zonder enige vraag al om je boodschappen heen. En kreeg je de tas tegelijk met het 'Dank u wel', 'Tot ziens', 'En een prettige dag verder'.

Het radicalisme waarmee alles werd ingepakt. Zostraks nog. Dat onsje filet américain *was* toch al keurig verpakt in zijn hoogst eigen doosje! Nietwaar? Met een voortreffelijk sluitend lekvrij dekseltje. Maar dat doosje moest op zijn beurt nog weer in een papieren vleeswarenzakje glijden. En het vleeswarenzakje verdween op zijn beurt in een plastic draagtas, samen met het pak espressokoffie en de melk.

Vreemd dat die koffie en die melk niet nader ingepakt hoefden te worden. Hoe zat dat? Speelde de doorzichtigheid van het doosje waarin de filet américain zat een rol? Had het ermee te maken dat het vlees was? Doorzichtig verpakkingsmateriaal stond, als het om vlees ging, gelijk met zoiets als ondergoed? Filet américain was pas half aangekleed, in zo'n doosje?

Hm. Of ging het de winkelier en zijn klanten bij dit alles om iets anders en zag de winkelier er namens zijn klant op toe dat de vorm van de boodschap zijn scherpe omtrek verloor? Moest de boodschap eerst van zijn geprononceerde karakter worden ontdaan om de winkel daarna anoniem als het ware te kunnen verlaten? Dan was het draagtasje wellicht een laatste, definitieve vermomming voor de al nagenoeg onzichtbaar gemaakte boodschappen?

Zo ritselde het in mij van de hypothesen, terwijl ik met mijn boodschappen onderweg was naar huis.

Er moesten mensen zijn die per jaar wel duizend van zulke draagtasjes in ontvangst namen. Boodschappentas, ach waar gebleven? Oude, trouwe boodschappentas van leer, van kunstleer, van canvas! Boodschappennet van touw of nylon! Rieten mandje met hengsel! Stalen melkflessenrek!

Al die dingen leken inmiddels iets sjofels te hebben gekregen, iets zelfs dat een lichte meewarigheid opwekte. Misschien waren het alleen nog heel oude mensen, op sterven na dood, die volhardden in het gebruik van de boodschappentas. Gewoon, omdat ze niet meer bijleerden. Zoals ze op zeker moment ook besloten moesten hebben dat deze schoenen, deze hoed, deze mantel nog goed genoeg waren om hen tot het einde te vergezellen.

Ja, de boodschappentas was verworden tot een teken van armoede, van misplaatste zuinigheid en hopeloos onvermogen om nog geïnteresseerd te zijn in welke mode of ontwikkeling dan ook. Wie een boodschappentas droeg, die was eigenlijk afgeschreven. Die had zichzelf afgeschreven.

De boodschappentas, nu hij als een weinig geliefde, onspectaculaire soort aan het uitsterven was, verdiende een kleine cultuurgeschiedenis, een loflied misschien zelfs op zijn nuttig en zelfwegcijferend bestaan. Zijn bescheidenheid. Zelden verder komend dan hal, gang of keuken, nooit in de salon geweest. Proletariër onder de tassen.

Hoe oud was de boodschappentas?

Klein museum voor de boodschappentas, hoogste tijd. Mand en tas in oudheid, middeleeuwen en nieuwe tijd; tas en urbanisatie; tas en afvalverwerking: de geschiedenis van een probleem. Met aan het eind van de expositie dus de geruisloze ondergang van de boodschappentas. En zijn opvolging, nu ja, wat heette in dit verband opvolging, door dit efemere produkt van de moderne tijd, de tas van het einde der eeuw. De tas voor eenmalig gebruik, de wegwerptas, de tas die slechts hoefde te duren van de kassa tot de huisdeur, de tas op de bodem waarvan—voor wie dat weten wou—de geruststellende tekst gedrukt stond dat ie een warme vriend van het milieu was en ofwel geheel vanzelf uiteen zou vallen in de aarde ofwel, verstookt in een vuilverbrandingsoven, zou opgaan in louter goedaardige gassen en rook.

Wanneer was de boodschappentas verdrongen, wanneer was deze moderne mens ontstaan die—geboren immers tot totale vrijheid en zelfverwerkelijking—nooit, althans nooit met voorbedachten rade, het huis verliet teneinde boodschappen te gaan doen?

Mens zonder bagage, die niettemin elk ogenblik overal heen kon vertrekken! Welke dispositie te kennen werd gegeven door een miniem rugzakje.

De laatste zaal van het boodschappentassenmuseum

moest een *tranche de vie* zijn van een avondwinkel, waar de voortreffelijk Nederlands sprekende Egyptenaar zijn klant bij de kassa samen met zijn boodschappen ongevraagd de tas gaf, de tas van plastic, de draagtas met een bruikbaarheidsduur zo kort als bij de produktie van plastics maar te berekenen viel.

Ik werd wel erg zwartgallig. Zelfs mijzelf viel het op, hoewel ik mijn visie op de boodschappentas onverkort deelde. Terwijl ik op huis aanging meende ik een nog grootser verband te ontwaren: tussen crematie en plastic tas enerzijds, begraven en boodschappentas anderzijds. Het was een gedecideerde greep, een verpletterende suggestie. Het type denken, mooie onzin, van de onovertroffen metableticus J.H. van den Berg.

Met twee reeksen cijfers—statistiekjes—en wat jaartallen als wapens moest het mogelijk zijn een verbluffende parallellie te demonstreren tussen twee soorten verbrandingen! De ene kolom liet de toename zien van het aantal doden dat zich liet cremeren, een flinke meerderheid die zich in de tijd van nauwelijks anderhalve generatie gevormd had, de andere kolom toonde de produktiecijfers van het duizelingwekkende aantal draagtassen, meer in het bijzonder de eendagsdraagtassen, en hun aandeel in de vuilverbranding...

Nooit eerder in de geschiedenis was de toenadering tussen mens en plastic tas zo groot geweest als heden: dat toonden de parallelle curven wel aan! Thans maakten we de erkenning mee van het feit dat de mens zijn eigen wegwerpverpakking was... Verpakkingsmateriaal zijt gij, en tot verpakkingsmateriaal zult gij wederkeren...

Ik zette mijn plastic tassen neer.

—A propos, Dozijn, ik wil begraven worden, dat weet je wel hè. Graf in de vorm van een schrijfmachine, bij voorbeeld, en op het vel dat eruit steekt moet staan: was nie geschrieben nie gelesen, of: misschien dat 's makers handen om mij beefden, nou ja, er is geen eind aan mooie opschriften hè. En aan mooie muziek al helemaal niet. Veel toespraken, veel bloemen. Flink eten en drinken na afloop. Dat het er levendig aan toe mag gaan, met zang en dans...

Het was nauwelijks overdreven om te beweren dat niet ik boodschappen deed, maar omgekeerd: de boodschappen deden mij. Ik was het willoos werktuig van de boodschappen die me aanvlogen, van alle kanten. Een bombardement van boodschappen, een grote trek van boodschappen vond er plaats. Ik was de rij bomen waarin de zwerm neerstreek, en kwetterde. Ik was de bezetting van het loopgravenstelsel dat onder vuur lag en niet wist waar zich te bergen te midden van de oorverdovende herrie. Jawel, ik lag onder vuur, er werd in mij neergestreken, en er werd ook in mij begraven. Want ik was de grond waarin kuilen werden gegraven en kisten gesodemieterd—in een ijltempo dat alleen afkomstig kon zijn uit de stomme film. Mijn levenstempo was dat van de stomme film, versneld afgedraaid. Een omgekeerde jongste dag speelde zich daar af, in een razend tempo...

Tenminste, op het hoogtepunt van mijn waanzin. Om een idee te geven van hoe het eraan toeging in mijn hoofd.

Maar te overdrijven, hieraan, valt er niet veel. Ik was namelijk mijn eigen overdrijving. Mijn eigen oversteigering, waarbij ik allang niet meer wist of ik nog ga-

223

loppeerde of al op hol was geslagen. Dan wel mijn eigen rijdier geworden was dat mij direct had afgeworpen—en waar ik, in dat zorgelijke geval, gebleven mocht zijn.

Ik besefte dat het me allemaal geschonken werd: dit alles wat me inviel en in de schoot geworpen werd. Maar zoals de straat in het najaar dorre bladeren cadeau krijgt... Opgepast dus! Dezelfde wind die ze neer doet dwarrelen kan de wind zijn die ze even later als een reuzenbezem weer omhoog zwiept, weg bladeren, en het plaveisel mist ze, mist hun zachte aanraking, mist zijn nieuwe oppervlak en kleur...

Waar het op aankwam was dat ik nauwelijks de tijd had om alles wat er bij mij arriveerde en bezorgd werd eventjes te sorteren, uit te pakken, op schappen te leggen. Ik draafde heen en weer, ik deed wat ik kon, maar ik had wel tien loopjongens kunnen gebruiken, en als mijn eigen enige loopjongen kon ik niet anders dan tekortschieten en op staande voet ontslagen worden. Door mijn eigen chef natuurlijk, die ik nu ook nog moest zijn, en die wel spoedig zou gaan merken dat er geen kruid tegen gewassen was, dat de goederen bleven binnenstromen.

Waar het op aankwam was dat ik me de tijd niet gunde om ook maar een van mijn boodschappen uit te pakken en er het gebruik van te maken of er het genoegen aan te beleven dat de boodschap zou kunnen bieden. Nee, als een vrek, een hamsteraar bleef ik maar oppotten en aanslepen. Voor mijn idee dan. Want op de plek waar ik alles neerzette, verdween 't in het niets, in het volkomen niets—zoals de toeschouwers, die naar mijn tragikomische haast zaten te kijken, achterovergeleund in hun bioscoopfauteuils, natuurlijk heel duidelijk konden zien: het viel daar gewoon met een rotvaart omlaag.

Kortom. Wat er constant dreigde, of ongemerkt alweer gebeurd was, dat was: het vergeetboek, de onafgemaakte zin. Ik gunde mij de tijd niet, ik moest voort, ik had haast, en er zat iets als een hollende inflatie in mijn taalgebruik zelf. Steeds grotere coupures werden in omloop gebracht, alsof er toch nooit iemand iets terug hoefde te geven. En het moment waarop mijn geld gewisseld zou moeten worden toch nooit zou aanbreken.

Maar wat voor mij telde, dat was het vuurwerk dat in mijn hoofd werd afgestoken, en me ademloos maakte. Nog was mijn oooh! over de ene kleurige fontein niet verklonken, of mijn aandacht was al bij een nieuwe, totaal andere seriële sierexplosie.

Iedereen weet dat het fijne maaksel van dromen niet bestand is tegen het wakkergeworden oog—dat het optrekt als mist die wijkt voor de zon, verjaagd door de ochtend. Niet beet te pakken, niet vast te houden. Nee, geen methode tegen het verdwijnen, geen kruid tegen gewassen.

Het was niet om te houden.

Maar om in de buurt te kunnen blijven van het moment—ik kon toch niet toestaan dat hier de film van mijn leven gedraaid werd en dat ik alles ogenblikkelijk, beeldje voor beeldje, weer vergat!—noteerde ik wat ik kon. Bestond er maar een bandrecorder voor gedachtenvluchten. Maar ik moest noteren. Arm dictaat! De hoogleraar-potentaat trok zich immers niets aan van zijn student, nog sneller joeg hij voort, zonder ooit te pauzeren, en er kwamen louter afkortingen, kreten, halve zinnen op papier.

Dat was wat er overbleef van al datgene wat ik dacht. Of liever gezegd, alles wat mij dacht. Want ik werd gedacht, dat stond voor me vast. Ik werd hier en nu eindelijk bij elkaar gedacht. Of herdacht: ik werd opnieuw gedacht, ik werd helemaal nieuw, gloednieuw, brandnieuw. Zou je mij vragen: kan een mens wedergeboren worden?—ik zou alleen maar even knikken.

Zo was het dus mijn lot om slechts halve zinnen te schrijven en halve woorden, initialen en kapitalen.

Ik was zelf een halve zin!

En ik schreef, omdat er niets anders op zat, op vodjes, de enorme pagina's van mijn vergeetboek.

In onze parttime auto rijden we dan ten slotte naar het crisiscentrum. De oranje Dyane, bestuurd door Dozijn. Raampje opengeklapt.

Ik zit niet aan het stuur. Ook op mijn fiets waag ik me niet meer. Ik ben ervan geschrokken toen ik, veiligheidshalve op een tramhalte, zag hoe zelfs daar het plaveisel onder mijn voeten begon te golven—van die gewone stoeptegels waren het, ze zagen er onschuldig genoeg uit.

Ik ga halfhartig mee. Eigenlijk ben ik er wel van overtuigd; van de noodzaak om mij medicijnen te laten voorschrijven. Maar pro forma verzet ik me nog. Want het bevalt me niet dat zij in dit verband een dubbele positie inneemt, tegenover mij. Zij is niet alleen mijn lieve trouwe bezorgde vrouw, zij is ook degene—verraad!—die met een collega op haar werk, de vaderlijke psychiater Klaas, die zelfs in mijn ogen, toegegeven, ruimschoots genade kan vinden als vertegenwoordiger van zijn soort, overleg heeft gepleegd over de verontrustende situatie waarin haar man zich bevindt.

Maar het is waar, en ik kan het niet ontkennen, dat mijn gejakker me langzaam maar zeker aan het uithollen is, dat rust of slaap er niet meer aan te pas komen, en dat ik niet heel zeker weet of er nog wel voortgang zit in de grote halen waarmee ik mijn leven dag in dag uit schets, momenteel. Beducht is ze, mijn vriendin, en de kluts kwijt, zoals ze zelf zegt. Ze weet niet zeker of ze me nog wel volgen kan en maakt zich zorgen als ze overdag naar haar werk is.

Nou, pillen dan misschien. Maar van een opname—waarover zij noch iemand anders het gehad heeft—, van een opname, zo verzeker ik haar op scherpe toon, kan geen sprake zijn.

—Dan maak ik er maar liever een eind aan, Dozijn. Dan jaag ik me net zo lief een mes door 't schedeldak.

Ik klop op mijn onafscheidelijk polstasje: rookwaren, pen en papier, mes. Ik ga niet onverdedigd door het leven. Het is een groot, vriendelijk ogend knipmes met houten heft dat in vakanties appels pleegt te schillen. Vreemde gedachte, maar wel degelijk de mijne.

Mijn vriendin zwijgt, en rijdt. Ik kijk naar haar. Ze rijdt erg goed.

We zitten in de wachtkamer van het crisiscentrum, in een keurige buitenwijk te midden van welverzorgde gazons, struiken en bloemperken gelegen. Ik heb, terwijl mijn vriendin zenuwachtig begon te lachen, willen wateren in die tuin. Op haar vriendelijke verzoek heb ik mijn impuls—'Ik ben jaloers op elke straathond'—onderdrukt en ben met haar mee naar binnen gegaan.

—Alsjeblieft, doe dat binnen. Ach, je moet het zelf ook maar weten hoor. Ga je gang maar.

—Territorium pissen, daar snappen ze hier toch zeker alles van.

We zitten in oranje plastic kuipstoelen.

Er is een automaat.

We drinken koffie.

Een man stelt zich voor. Hij wijst ons stoelen. Hij stelt vragen—die mijn vriendin beantwoordt. Ik luister niet. Ze doen maar. Over mij? Zonder mij! Dat is ook mijn houding als er iemand opbelt om naar mijn heil te informeren en in zijn of haar bedremmeldheid de verkeerde toon aanslaat; dan krijgt hij of zij ogenblikkelijk te horen:—Ik verbind je door. Dozijn! Over mij...

Hij schrijft iets voor.

Ik sta op en wandel naar zijn stalen bureau. Hij zit te ver weg.

—Heb jij wel een beetje knap gestudeerd, Wybert?

Hij kijkt me afgemeten aan.

—Want wat daarin zit, in die pillen van jou, daar weet jij op de keper beschouwd toch ook niks van? Geen enkel verschil met het kruidenvrouwtje wat dat aangaat, hm?

Ik wend me tot mijn steun en toeverlaat.

—In jouw handen beveel ik mijn geest, Dozijn. Als jij het toelaat dat deze pillendraaier mij pillen voorschrijft, vooruit dan maar. Denk erom dat je hem later weet te vinden. En wijs me nog even aan, thuis, wat hij voorschrijft. In het *Repertorium*.

Ik bestudeerde de bij de apotheek afgehaalde medicijnflesjes. Alles erop en eraan en erin kreeg mijn onverdeelde aandacht. De flesjes zelf, hun dekseltjes, de etiketjes, de pillen.

De halfdoorzichtige bruine flesjes verdacht ik van groter onoprechtheid dan die van transparant glas. Ik tuurde naar de vormgeving van de pilletjes en spande me in om uit hun gleufjes overdwars, hun ovaalheid, of andere opmerkelijkheden af te lezen wat hun scheppers erin gelegd hadden, respectievelijk juist hadden willen verbergen. Ik verdiepte mij in het meer en minder oude potjeslatijn, halfwas classicus immers, dat kwam nu eens van pas. In het Latijn hoefden ze me al helemaal geen knollen voor citroenen te verkopen!

Maar ik nam ze, de pillen.

Er was een potje met rust en een potje met slaap. Aanvankelijk had ik mijn handen vol aan de gebruiksaanwijzing—welke pillen waren ook alweer waarvoor? Ik haalde een systeemkaartje uit mijn zak dat de zaak vereenvoudigen moest en las: *blauw = rust, groen = slaap*, o ja, dat was waar ook: met viltstiften had ik dikke stippen gezet op de etiketten, en nou moest ik dus om drie uur, niet vergeten! een rustpil nemen, BLAUW...

Ik had tijd nodig om de gebruiksaanwijzing tot mijn hersenpan, zo lek als een vergiet, te laten doordringen, en hem na te leven in mijn onrustige dagindeling.

Een stuk of zeven had ik er nodig gehad. Samen met die hele papierhandel van mijn gekte had ik ze destijds in de plastic tas gestopt die nu op mijn bureau lag. Ik keek ernaar, zonder aanstalten te maken de tas te openen. Zonder al te veel nieuwsgierigheid zelfs.

Ruim dertien jaar geleden was het inmiddels. Een jaar erna was mijn oudste dochter geboren. Mijn leven was grondig veranderd.

Ik moest denken aan een schitterende scène uit een film van Federico Fellini: *Roma*. Een ploeg archeologen en/of journalisten, camera's in de aanslag, staat popelend van opwinding en nieuwsgierigheid gereed om, zodra arbeiders klaar zijn met het hakken van een toegang tot een onderaardse grafkelder of tempel (men weet niet wat men te zien zal krijgen), naar binnen te gaan en te filmen. Daar breekt het supreme moment aan.

Maar met dat men de ruimte, waarvan de wanden en plafonds beschilderd zijn met nog volledig intacte fresco's, betreedt vervagen ze onder het geweld van het binnendringende licht voor hun ogen en camera's. In minder dan een zucht zijn ze verdwenen, de voorstellingen, de kleuren, de contouren.

Ik nam mijn zak en droeg hem naar beneden. Als oud papier.

Het ging me niet meer om de plastic zak of wat erin zat. Wat me nu interesseerde was het boek van Jan. Jarenlang had ik het niet willen inzien of zelfs maar aanraken. Het was te zeer verbonden geraakt met mijn waanzin.

Traag sloeg ik nu de bladzijden om en nam alles in ogenschouw. Bijna als een wetenschappelijk onderzoeker die een speciale opleiding heeft moeten volgen voor dit werk. En ik was ervan overtuigd dat ik de eerste was sinds meer dan veertig jaar, de eerste na mijn vader, die deze bladzijden zag en omsloeg.

Maar hij had ze omgeslagen om ze te beschrijven, zijn vulpen vol blauwe inkt, nu aan de randen tot bruin verschoten, waar het licht naar binnen was gelekt.

Hij had ze volgeschreven, deze grote vellen geschept papier, terwijl hij zich rechtstreeks richtte, over een verre toekomst heen al, tot de volwassen lezer die zich—daaraan had hij geen ogenblik getwijfeld—mettertijd ontwikkeld zou hebben uit het hoopje mens, de zojuist geborene, het wurm, de zuigeling waar hij het in zijn vaderlijke aantekeningen over had.

Het album was geschreven in de bedrieglijke aanspreekvorm van het duizelingwekkende 'je'. Maar pas na tientallen jaren zou die stijlvorm zijn verpletterende werk kunnen doen door de aangesprokene zo *rechtstreeks* en zo vreemd tijdloos tegenwoordig te laten zijn bij al die gewichtige momenten en verbazingen die aan ouders ten deel vallen na dat eerste verbluffende moment van openbaarmaking: de geboorte. Het was een boek, strikt genomen, dat slechts bestemd was voor een enkele lezer: de hoofdpersoon.

Geboortegewicht, aangifte, doop, verkregen extra voedselbonnen, kinderziektes, cadeaus bij de eerste en daaropvolgende verjaardagen, felicitatiekaarten, een eerste afgeknipt haarlokje, en vele, vele wapenfeiten als het eerste staan, de eerste woorden: van zulk soort dingen was met grote regelmaat en energie melding gemaakt in het album.

Zo hield ik, als plaatsvervangend lezer, het boek van Jan in handen.

Ik was ervan doordrongen dat ik las namens een ander, al kon ik niet weten wie. Maar mijn vader kon ik mij voorstellen. Daar zat hij, eind 1943, eenendertig jaar oud, in Krommenie, midden in de oorlog, en over het hoofd van zijn net geboren derde kind heen richtte hij zich dus tot de al volwassen geworden zoon van een paar decennia later—rechtstreeks, als dat rechtstreeks mocht heten, want het was een wel heel paradoxaal soort van rechtstreeks: van degene die schrijft tot degene die leest, terwijl hij de zuigeling en de brabbelaar en de peuter op schoot en om zich heen heeft. Hij is dus buitensporig toekomstgericht, deze historicus van het ogenblik, hij kijkt, al zegt hij het nooit, ver over het einde van de oorlog heen, ver over het einde van het daarop volgende decennium, en van het daar weer op volgende, en dat ik zijn stem van toen hoorde, daar kon ik nauwelijks bij. Dit krankzinnig doelgerichte toekomstdenken, dit idiote optimisme, deze liederlijke opgewektheid in oorlogstijd—eerst kon ik er gewoon niet bij. Want hoe ik ook las, wat ik mij ook voorstelde: ik zou er niet in slagen de dood weg te lezen uit dit album dat blaakte van levenslust, oorlog of geen oorlog.

Ik zat aan mijn bureau met het boek van Jan.

Inderhaast aangevoerde presse-papiers moesten het openhouden, want zonder hulp van buitenaf wilde het zo snel mogelijk weer dicht. Het bestond namelijk slechts uit vellen die losjes doormidden gevouwen waren, niet eens doormidden gevouwen eigenlijk, er was geen vouw, er was alleen een flauwe rug ontstaan op grond van de dikte die langzamerhand bereikt moest zijn doordat steeds meer zaken van papier tussen die vellen gelegd of ingeplakt waren.

Zoals geboortekaartjes (het zijne vanzelfsprekend, maar later ook dat van het nieuwe broertje, ik), fotootjes, kranteknipsels, kindertekeningen, schoolschriften. Het boek stond er letterlijk bol van—maar toen ik ten slotte achter in het boek van Jan was aangekomen, bij de vele tekeningen en schriften en ansichten, begreep ik opeens: dat dit de stille getuigen waren, de later toegevoegde, hier opgeborgen relicten die eigenlijk buiten het bestek van het album vielen, maar er achteraf een plaats hadden gevonden.

Ik herinnerde me hoe mijn vader ogenblikkelijk in tranen was geweest, toen ik mijn krachtdadige opwachting had gemaakt, tijdens mijn waanzin, om te vragen waarom ze de graven hadden laten ruimen en waarom wij, de andere kinderen, niet bij de begrafenis hadden mogen zijn.

—*Het was toch zo'n gaaf kereltje...* Dat waren mijn vaders woorden geweest, zijn bril had hij afgezet, en met een hand had hij zijn ogen bedekt. De woorden waren in mijn geheugen gekerfd.

Hij had het aangedurfd, tegenover zijn sinds lang afvallig geworden zoon die nu in ernstig overspannen staat naar hem aan het luisteren was, om zich zijn laatste bezoek aan de zieke jongen te herinneren, en ik had gedacht: nu ben ik opgenomen in een boek van W.G. van de Hulst, ik zie een illustratie van de hand van J.H. Isings, en onder de tekening staat, tussen aanhalingstekens of cursief of allebei, wat hij op dit moment tegen mij zegt, luister goed naar die man, want nader dan nu zul je nooit tot hem komen, zo kwetsbaar is hij nou en van deze man houd je, zo goed en zo kwaad als dat gaat.

Hij had het maar liefst aangedurfd, mijn oude vader, net met pensioen, om mij, zijn malende zoon, te vertellen in wat voor goed vertrouwen op God—die misschien wel gewoon de gedaante had van zijn eigen vader, zo had de malende zoon er met enkelvoudige skepsis direct achteraan gedacht—, in wat voor goed vertrouwen op God de stervende jongen in zijn ziekenhuisbed hem gevraagd had, of nee, hij had het niet eens echt gevraagd, hij had het nog eens ter bevestiging aan zijn vader voorgelegd...

Schokkend van eenvoud was het geweest, en het had mij duidelijk geleken dat mijn vader wat dit aanging geen dag ouder was geworden sindsdien, dit waren dezelfde tranen als bijna dertig jaar geleden, en waarschijnlijk hoorde hij, in plaats van zijn eigen stem, nog altijd de stem van de jongen in zijn laatste bed. Met zijn vader vlak naast zich, die nu samen met hem ging bidden.

Daarbij had ik, de malende zoon, mij voorgesteld hoe de jongen in het ziekenhuis als het ware voor de laatste keer naar bed was gebracht door zijn vader. Zoals hij ook mij zo vaak naar bed had gebracht. Maar dan voor de laatste keer.

—*Ik ga naar de Here Jezus, hè?*

Dat was de vraag geweest, die cursief onder de pentekening van J.H. Isings gestaan had.

Maar nu pas, als de betrekkelijk rustig geworden lezer van het boek van Jan, zelf vader van kinderen, kon ik het opbrengen om te denken: wat een verschrikkelijke vraag om te moeten beantwoorden, aan dat bed, terwijl de blik van je zoon in goed vertrouwen op jou gericht is, want wie moest hier nu eigenlijk dat moeilijke kinderlijke geloof hebben om wie te helpen?

Want dat was het geweest wat ik—malend en wel, maar al te afstandelijk—meende te begrijpen. Dat hij daarom zijn ogen bedekte met zijn hand. Dat hij eerst een voorbeeld had genomen aan zijn zoon, om het vervolgens voor hem te kunnen zijn: dat voorbeeld. Hij had een moment van radeloosheid beschreven.

Geen van ons drieën, tijdens het opruimen van het ouderlijk huis was dat nog eens gebleken, wist nauwkeurig wanneer nu eigenlijk wie van die twee gestorven was. Jan eerst, en toen Rita, of andersom? En hoe oud waren ze precies geworden? Jan acht, of zeven? Rita nog niet eens een? Dat het een warme zomer was geweest, meende ik, waarin Jan dood was gegaan. Omstreeks 1950, meer wisten we niet. We waren een beetje beschaamd om onze schamele kennis.

Nu was ik de albums aan het lezen van ons allemaal. Dat van Jan, dat van mij, die van mijn zus en broer, die ik van ze geleend had. Nu wilde ik het eindelijk wel eens weten, met data en al.

Dus gaf het me een kleine schok om in het boek van mijn oudste broer plotseling een prentbriefkaart tegen te komen (met het vertrouwde handschrift van de tantes uit Rotterdam), een verdwaalde kaart, moest ik wel aannemen, die gericht was aan *Jongedame Rita Reinsma*: 'Hartelijk gefeliciteerd van tante Ritz en tante Bé!'

Het is, naast het overlijdensbericht dat ik later heb gevonden, het enige document waaruit blijkt dat zij geleefd heeft; zij is dus zowaar nog een keer jarig geweest.

Tot mijn ergernis was de postzegel op de kaart eraf

gehaald, waardoor de datum verdwenen was. Het enige dat met zekerheid vast te stellen viel was dat de kaart op de zeventiende van de een of andere maand verstuurd was vanuit Rotterdam. Zij was dus op een achttiende, of met een kleine veiligheidsmarge vanwege een mogelijke zondag op een negentiende jarig geweest. Dat stond nu met volkomen zekerheid vast, want de tantes van wie er een zelf werkzaam was geweest bij de PTT, en wel bij de afdeling Telephonie, postten hun nooit verzuimde verjaardagskaarten, dat had ik wel gezien, bijna onveranderlijk daags tevoren.

Ik heb, moet ik bekennen, overwogen hem achterover te drukken.

Verdwaald was hij in elk geval, nietwaar? *Maar niet in mijn album...* Nee, niet in mijn album. In dat van mijn broer, maar daarom toch nog niet minder verdwaald... *Laat die kaart daar.*

Later bleek R. te weten, natuurlijk wist hij dat, hoe zou het ook anders kunnen, dat Rita op dezelfde dag jarig was geweest als hij. Misschien was dat ook wel de reden waarom vader de kaart bij hem in het album gelegd had.

Het is een prentbriefkaart, een erg mooie, waarop het dakschap te zien is van een stadje of dorp waarboven de ochtend gloort. Het perspectief is zo hoog gekozen dat achteraan de rand van het stadje zichtbaar is, tegen een licht glooiend landschap, en uit de daken omhoog steken een ooievaar, op een poot staande op een schoorsteen, en een kerktoren met zadeldak.

Is hij werkelijk verdwaald, deze kaart? Of is er ook een album geweest van Rita? Bijna lijkt die kaart daarvan in zijn piere eentje het bewijs.

Maar zou vader dan Rita's album vernietigd hebben? Zoals hij toch ook de graven heeft laten ruimen.

Maar waarom is het boek van Jan dan wel bewaard?

En waarom is er zelfs niet een fotootje van Rita over? Het kan toch niet dat zij nooit gefotografeerd is?

Zinloze vragen.

Welnee, helemaal geen zinloze vragen. Alleen maar vragen zonder antwoord.

Al die kaarten, in alle albums, maar veruit de meeste bij Jan. Ansichten. Prentbriefkaarten. Felicitaties met verjaardagen. Min of meer systematisch daar ingevoegd, gewoon los, waar de verjaardag ook op papier even gevierd wordt, met onveranderlijk een trotse opsomming van de cadeaus. Ik zie de felicitaties van de diverse tantes en ooms en grootouders. Ik bekijk de postzegels van anderhalve cent, tot plusminus het eind van de oorlog, en de helderblauwe van twee cent erna. Ik lees de stempels en de data, de oproepen en aanmaningen die de posterijen in de bezettingstijd tot de lezers van de stempels richtten. Ik laat mijn blik rusten op de vooroorlogse handschriften en de hoofdletters van de dagen en de maanden.

De kaarten aan Jan. Achter in zijn boek. De stomme getuigen van zijn ziekbed. Nu zie ik dat het dus in 1951 geweest is. Ik leg de kaarten chronologisch op volgorde en lees:

'Van harte beterschap!' Begin April 1951.

'Het beste hoor!' Midden April 1951.

'Van harte beterschap toegewenst.' Eind April 1951.

'Knap maar gauw op!' Begin Mei 1951.

'Het beste!' Half Mei 1951. Die, de laatste, is van de drie tantes in Rotterdam.

Vanaf die tijd moet de situatie uitzichtloos zijn geweest. Ik keer de kaarten om en om. Maar wie zijn toch al die onbekende afzenders geweest? De namen zeggen me niets.

Waarom heeft de uiterst hartelijke Ilse van Akkeren maar liefst drie keer een kaart gestuurd? En dan begrijp ik het plotseling. Het is een actie van vader geweest, op de een of andere manier. Een klas. Hier, een jongen heeft het erbij geschreven, Prinses Beatrix U.L.O., 3A. Ja, verdraaid, daar heeft hij een paar jaar les gegeven, dat was die school in Amsterdam. Vandaar dat ze allemaal datzelfde stempel hebben, van het postkantoor in het Amsterdams Centraal Station. Je kon toen nog brieven posten in brievenbussen achter op alle trams die naar het CS reden.

Eerst Rita, toen Jan.

In M.'s boek, en alleen in het hare, bleken achterin de rouwkaartjes gelegd te zijn. In hun envelopjes. Met hun pikzwarte, dikke randen. Ik lees, veertig jaar na dato, het proza van de rouwkaarten. Ik hoor het hem zeggen, zoals ik het hem kan zien schrijven.

Het behaagde den Heere tot zich te nemen onze kleine, lieve RITA—augustus 1950, vijf was ik dus, nog niet zo lang, ik was als eerste op, en liep de trap af naar beneden, nog in mijn pyjama, de achterkamer in, als gewoonlijk, maar dat kan helemaal niet, dit moet weer zo'n samengestelde herinnering zijn met even weinig

241

waarde als een droom, maar ik liep dus de achterkamer in, waar mijn volwassen ik wel weet dat zij nooit gelegen kan hebben, zo 's morgens vroeg, maar waar ik wel degelijk mijn hand op haar gezichtje legde, om haar wakker te maken, niemand maakt mij wijs dat ik mijn hand niet op haar gezichtje gelegd heb toen, en verbaasd was dat ze zo koud was, en weer naar boven gerend ben: *Moeder, vader! Rita is zo koud!*

En nog geen jaar later, weer in de zomer, juni 1951, net zes was ik dus, gewoon zes, niet zes min, was dit de tekst die dienst moest doen: *Het behaagde de Here ons bij vernieuwing te bedroeven. Hij nam tot zich onze kleine, lieve JAN BRAND, in de leeftijd van ruim 7 jaar. Gods verbondsbelofte sterke ons.*

Ik kijk naar de data. Ik ben aan het mompelen geslagen, en aan het rekenen. Hoeveel jaar en hoeveel maanden oud ieder van hen geworden is, wil ik weten. Ik reken het uit. En ik reken uit hoe lang zij intussen al dood zijn geweest. En hoe oud ieder van hen nu zou zijn. En vreemd als het klinken mag, maar het stemt me uiterst tevreden om al die zinloze sommen te maken, en om hen, elk binnen het eigen tweetal data, in leven te weten. Een louter symbolische wetenschap, besef ik wel. Maar ten slotte is de precieze maat van hun levens belangrijker geworden dan de lange periode van hun rekkelijke dood.

De albums zijn zo overvol dat ik ze nooit helemaal zal kunnen bevatten. Er is altijd wel iets dat ik me plotseling voor het eerst realiseer. Inhoud, in de zin van precieze informatie, is iets vreemds. Nu ik er weer in gelezen heb, aandachtig als altijd, heb ik opnieuw ervaren hoe elke lectuur als een vloed is. Een vloed die opkomt, alles doorweekt, en weer terugtrekt, en ik ben het strand waarop het een en ander achter is gebleven.

Willekeurige dingen, niet speciaal de belangrijkste.

Maar ik raak wel degelijk doordrenkt van al die inhoud, al die dagen en namen en gewezen objecten van aandacht; vol van een soort van innerlijk gemompel ben ik aan het lezen, langzaam, de lippen bewegend, bijna alsof ik de kunst van het lezen nog niet zo heel lang machtig zou zijn. Voor de zoveelste keer ontcijfer ik het schrift van mijn vader, en probeer tussen de regels door mijn moeder gewaar te worden.

En terwijl ik lees, dat leven van ons allen daar in Krommenie, ons allen ongeacht of ik al van de partij was of niet, want wat doet dat er nog toe, en me weer van alles te binnen schiet, en het verleden zich weer mengt en samenstelt tot die niet te begrijpen enorme hoeveelheid van details en kleinigheden, is het alsof zij, die details en die kleinigheden, tegelijkertijd de kleur en de geur van de tijd weer hebben *en* verschoten zijn. Alsof ze me even bekend zijn als onbekend, even dichtbij als veraf.

Deze keer heeft me de opgewekte onnadrukkelijkheid getroffen waarmee hij schrijft over de kleine misère van het gezin. De voedseltochten, de vele ziektes, de kou. Het is de Tweede Wereldoorlog in een dorp in Noord-Holland, het zijn de bekende verhalen. Hoe hij met paard en wagen naar de Waterleidingduinen is geweest voor hout; hoe hij per roeiboot aardappels heeft gehaald. Enzovoort. Het is me vertrouwd op de manier van een anekdote. Maar ik heb er geen flauw idee van waar hij dat paard vandaan haalde en hoe dat mennen hem is afgegaan.

Ik kijk naar de zwartwitte ansichtkaart die desgewenst, na al die tijd, direct verstuurd zou kunnen worden. Ik heb hem eerder bekeken. Het is een doodsaaie foto van de Weverstraat, de ene kant van de straat, een blok huizen, drie onder een kap. Het middelste van ons.

Als om alle misverstand daarover uit te sluiten heeft mijn vader deze foto van een uit de hemel op de juiste plaats omlaag wijzend pijltje voorzien, en van de woorden *ons huis*.

Met een paar andere voor de buitenstaander niet minder doodsaaie foto's was hij in elk van onze vier albums gestopt, drie of vier foto's, bijeengehouden door een vliegertouwtje met een knoopje.

Een foto van ons huis, een foto van het park, een foto van de School met den Bijbel, en een foto van de

Vlusch, een breed water met een paar negentiende-eeuwse boerderijen eraan—wat men noemt een schilderachtig plekje. Geen kwaad woord over de Vlusch: heus, het was daar heel mooi, en op een andere, zelfgemaakte, foto valt nog te zien dat wij een doodgewoon, gelukkig gezin waren met lachende gezichten: een stuk of wat kinderen, samen met hun vader in een roeiboot, op de Vlusch dus, gefotografeerd door het andere hoofd des huizes, de moeder met haar box, vanaf de oever.

Al die foto's zijn van een geweldige statiek—een beter woord ter aanduiding van hun rustige leegte zou ik niet weten. Het park dat ik 's morgens passeerde op weg naar school: leeg. Een geasfalteerd pad kromt zich, zoals in een park te doen gebruikelijk, langs een in voortreffelijke staat van onderhoud verkerende bank, en dat is al.

Het trottoir voor de ingang van de School met den Bijbel, de hoge ramen terzijde van de ingang: leeg. De Weverstraat zelf, de rijweg, de stoep, de voortuintjes, de tuinpaadjes achter de gesloten hekjes: leeg.

Op de kar van een scharensliep na. Maar er is nog geen auto te bekennen, zelfs geen fiets. De scharensliep staat ver weg en moet onherkenbaar zijn voor wie niet weet hoe zo'n kar eruitziet. De aanwezigheid op deze foto is een zuinig toeval. Het is de fotograaf alleen te doen geweest om het huizenblok op de voorgrond, god mag weten waarom.

Het is, alsof de fotograaf de opdracht *neem die en die plekken, maar denk erom: zonder bewoners of andere al te zeer levende wezens erop* tot het best mogelijke eind heeft gebracht.

Met een vergrootglas heb ik zoëven nog geprobeerd naar binnen te kijken door de grote donkere ramen van dat middelste huis. Het moet ongeveer even oud of jong zijn geweest als hun huwelijk. Gelijk op. Aan de royale, degelijke bouw van de jaren vlak voor de oorlog is absoluut geen economische crisis af te zien.

Toen viel mijn oog op de tamelijk nietige bomen op het trottoir. Gemeentelijke bomen, nog zo jong dat ze steun behoefden van een dood stuk rondhout met een scherpe punt, naast hen in de grond geslagen, en met hen verbonden door een singel, zo'n sterke band om stam en paal, in de vorm van een liggende acht.

Het meeste op een foto zie je niet.

Want het meeste is betekenisloos als een tegel, een tak, een blad, een baksteen, een dakpan. En deze armzalige bomen, waar mijn blik steeds aan voorbij was gegaan, ach ja, die bomen, die had ik met een grove generalisatie tot een soort van globale tijdgenoten gemaakt van het huis en het huwelijk in de buitenwijk. Nieuwbouw nietwaar, niet interessant. En opeens drong het tot me door.

Het was maar een kleinigheid, maar toch was ik werkelijk blij dat die boompjes, gefotografeerd in een of andere lente (want er zit nog bijna niks aan die takken) van een jaar na de oorlog, zich op eigen kracht door een gat in mijn aandacht heen hadden weten te werken. Ik had de Tweede Wereldoorlog over het hoofd gezien, op de foto. Want natuurlijk konden dit de bomen niet wezen die er samen met de nieuwbouw verrezen waren.

Donderdag 11 Januari 1945. Grote schrik. Om half 8 luid geschreeuw voor het huis. Daar tussen 16 en 40 ieder zich voor Duitsland heeft moeten melden, dachten we aan een razzia. Maar 't waren bomenzagers, die vlak voor ons huis hun slag sloegen in het donker. Dit moesten de opvolgers zijn.

Een paar jaar geleden, toen ik bij mijn moeder was, en het piepkleine afwasje voor haar deed—zij begon tot bezorgdheid van haar kinderen een beetje te verslonzen, ze begon minder levenslustig te worden, en vergeetachtiger—, toen ik alvorens te vertrekken even dat afwasje voor haar deed, en het tot me doordrong hoeveel inspanning het haar nu kennelijk kostte, werk dat ze een jaar geleden nog als het meest vanzelfsprekende ter wereld beschouwd zou hebben, en toen ik daarbij bovendien vaststelde hoe ontzaglijk versleten de afwasborstel was, de haren waren als het ware middelpuntvliedend geworden, ze deden het werk nu niet meer met hun punten, maar over heel hun lengte, met hun zijkanten; de afwasborstel had een soort kruin gekregen, een leeg punt vanwaaruit de haren plat langs het hout lagen; zij deed de afwas nog altijd met een houten borstel, zelfgeklopte zeep, en een lepel soda, afkomstig uit een groen geëmailleerd bakje waarop 'soda' stond, in een rek waaraan ook de klopper hing, voor zover ik wist sinds tientallen jaren dezelfde, met hen meeverhuisd uit Krommenie—, enfin, toen ik had vastgesteld hoe volkomen uitgediend de afwasborstel was, had ik gevraagd of ze nog een andere had, en vervolgens had ik aangeboden er even twee te gaan kopen, waarop ik haar tot mijn stomme verbazing, want het was voor het eerst dat zij zo onomwonden over haar perspectief sprak, had horen zeggen, met een huishoudelijke nauwkeurigheid die ik absoluut schokkend had gevonden: 'Ach jongen,' had ze gezegd, 'twee? Zal ik die nog wel nodig hebben? Ik weet het niet hoor.'

De bezoeken die ik haar in het ziekenhuis gebracht heb zijn ingeklonken tot een paar beelden.

Hoe keer op keer haar hand, steeds de linker, zwak omhoog komt van het laken, op weg naar haar neus, waarin een plastic slangetje verdwijnt. Haar ogen zijn gesloten, of star, of zwervend. Ze kijkt me niet aan en lijkt zich van wiens aanwezigheid dan ook niet bewust; niet bewust van wat dan ook, behalve misschien het infuus, dat haar ofwel hindert, ofwel als een vreemd lichaam ervaren wordt. Misschien is het, keer op keer, hetzelfde automatisme, zoals jeuk krabben doet, en krabben jeuk veroorzaakt.

Heel langzaam stijgt de hand aan de smalle pols op, en koerst richting neus. Dit duurt vele, vele seconden. Ik kijk ernaar. Wanneer de hand het slangetje te dicht genaderd is, na misschien wel een halve minuut, klinkt mijn eentonige boodschap weer:

—Niet doen, moeder.

Ze knikt flauwtjes en laat haar hand weer zakken op het laken.

Eerst heb ik de hand gepakt en zachtjes teruggelegd op het laken:

—'t Slangetje er niet uithalen, moeder.

Vervolgens volsta ik met: 'Niet doen, moeder.' Ten slotte zeg ik niets meer, en kijk toe hoe de hand, na haar baan beschreven te hebben, aarzelend tot stilstand komt vlak bij de neus, en weer terugzakt. Haar arm, op het laken, vel over been, haar lieve oude arm zit vol blauwe plekken van vorige infuzen.

Ik heb geen verder contact met haar. Zij kan niet spreken. Ze kijkt me nauwelijks aan.

Aan het hoofdeinde en op het nachtkastje hangen en staan tekeningen van mijn beide dochters. Ik geef de bloemen op het nachtkastje en in de vensterbank water. Niet ver weg liggen de duinen achter de Vogelwijk.

Aarzelend houd ik toezicht op haar hand. Met welk recht? Zij zal het benauwder krijgen, zonder infuus, weet ik. Want dat is me verteld. Het is onzin om te doen of zij weloverwogen handelt—toch stemt mijn bevoogding me ongemakkelijk. Sinds wanneer mag zij haar hand niet meer naar haar neus brengen?

Een keer reed ik met R. en J.—mijn dochters, haar kleindochters—naar Den Haag, langs de vertrouwde route. De Haarlemmerpoort, langs de trekvaart, de ringweg op, de Schipholtunnel, de weg naar Wassenaar. 120 per uur. De route die ik dromen kon. Want het ziekenhuis waar zij haar laatste weken sleet lag aan de route die ook naar haar huis voerde.

Een keer of twee per week rijden we naar het ziekenhuis. Het parkeerterrein van het ziekenhuis op, een gulden in een gleuf om de slagboom omhoog te krijgen. De trap op, de gang door, de lift in. Haar kamer.

De twee meisjes en ik staan naast het bed.

Ik streel haar hand en haar dunne pols. Geen teken

van herkenning vandaag. Ze staart omhoog. Na een paar minuten vertrekken we weer.

De geluiden in haar kamer. Getik en gedruppel. Bijna is het alsof haar eigen geluid—haar moeizame ademhaling—net als de overige geluiden afkomstig is van een apparaat, alsof zij op één lijn is gekomen met haar hulpmiddelen.

Maar een enkele keer is het overduidelijk dat zij glimlacht naar de meisjes. Dat er in haar afwezige uitdrukking, plotseling, iets verandert.

Het zijn vreemde, woordloze visites.

Op een ochtend wekt mijn vrouw me. Ik kom bovendrijven uit een diepe slaap en daar, aan de oppervlakte, hoor ik haar mededeling, die me ontstelt en ongeloofwaardig lijkt.

In haar slaap moet ze overleden zijn. Zonder iemand van ons erbij. Het is pijnlijk.

Hoewel het me hoogst onwaarschijnlijk lijkt, vraag ik me af of ze 's nachts nog helder is geweest, wakker, en alleen. Iemand had er toch bij moeten zijn.

Zo is het moment van haar dood door niemand bijgewoond, ook niet door haarzelf, weggegleden.

Wil ik haar zien? Ik geloof van niet. Ik heb geen behoefte om nu, op deze zaterdag in juli, opeens naar dat ziekenhuis te gaan om het lijk te zien.

Ik aarzel. Weet ik het wel zeker?

Ja, ik besluit dat ik 't zeker weet. Ik wil die kamer niet meer zien, zonder dat kleine beetje leven van haar

erin. Ik wil niet die machinerie zien, zonder rode cijfers, zonder gedrup en geborrel. Ik wil de kindertekeningen en de bloemen niet zien, doelloos geworden. Ik
wil geen artsen en verplegend personeel zien—alles
rondom haar is overbodig geworden.

Waar ik spijt van heb gekregen, is dat de tekeningen
van de kinderen door het ziekenhuispersoneel uit haar
kamer weggeruimd en spoorloos verdwenen zijn—be-
handeld niet anders dan de bloemen in de vazen.

We stonden, mijn broer en ik, bij een laag gebouwtje bezijden het ziekenhuis en belden aan. Het lag aan het eind van een asfaltweg die in een kleine cirkel eindigde. Er was geen aanduiding of opschrift. De minimale rotonde sprak voor zichzelf. Dit was het oord van rechtsomkeert.

De deur ging open.

De man, één enkele man in een brede lange gang met daarin niets dan een tafeltje waarop een condoléanceregister, keek ons aan. Zijn optreden was gedempt. Hij speelde zijn rol, wij de onze.

Trage motoriek. Zachte stem. Hij verdween door een deur die hij achter zich sloot. Wij stonden bij het tafeltje en zwegen. We begrepen: nu haalt hij haar uit een ijskast. Hij legt het lijk op een baar. Hij rijdt de baar naar een vertrekje, waar hij een ongetwijfeld gedempt, waarschijnlijk kaarsvormig lampje aanknipt, om vervolgens een deur voor ons te openen en te gebaren: komt u maar. Gaat uw gang! Hij verdwijnt weer uit zicht.

Daar ligt zij dan: onze moeder. We stappen op haar af.

Er zit geen greintje leven meer in. Maar ze is al niet

meer even dood als ze geweest moet zijn direct na overlijden. Alsof er op de eerste dood nog een nadere dood volgt.

Als die eerste dood nog terugverwijst naar het verdwenen leven, en een soort eind is van een beweging, dan wijst deze alleen nog naar zichzelf, of naar een dood nog verder weg. Ze is doder hier, doder dan ik me voorgesteld had. Zo morsdood dat ze geen enkele moeite meer doet om ook maar enigszins op zichzelf te lijken.

Opnieuw treft het me hoe zelfs de gewoonste woorden het in deze contreien af laten weten. Er is geen accuraat idioom voor deze aangelegenheid, er is geen grammatica, alsof de taal alleen het leven toegedaan wil zijn. Wat resteert, is de vaktaal van de lijkbezorging. Maar een taal voor de familie ontbreekt. Want wat zei mijn broer daarnet tegen deze employé van het dodenrijk?

Hij zei, en ook ik zou dat gezegd hebben:

—Wij komen voor mevrouw Reinsma.

—Een ogenblik.

En de man van het mortuarium was verdwenen achter zijn gesloten deuren om, in het bedoelde 'ogenblik', zijn hoogst bescheiden professionele transformatie te gaan voltrekken. Om ons aan onze 'mevrouw Reinsma' te helpen moest hij een paar handelingen verrichten die zijnerzijds een ingevroren lijk als uitgangspunt hadden.

Zodra wij weer alleen waren had mijn broer zijn hoofd geschud.

—*Mevrouw Reinsma*, herhaalde hij.

Ik begreep hem meteen: taal moet precies zijn, vinden wij.

—Maar ze *is* helemaal geen mevrouw meer...

Ik knikte.

—Maar wat moet je anders zeggen?

Inderdaad, wat moet je anders zeggen? Wij komen, moet je anders zeggen, voor het stoffelijk overschot van onze moeder, in leven mevrouw Reinsma. Slechts door de taal van de neutrale instanties te spreken—de burgerlijke stand, de lijkbezorging, de gezondheidszorg; de geneesheer wiens taak afgelopen is, de zuster van laatste zorg, en al die andere personen in een of ander uniform—, alleen door elke persoonlijke band te slaken zou je hier nog nauwkeurig kunnen zijn.

Maar mevrouw Reinsma, moeder, mevrouw P.C. Reinsma-Brand, Nel Brand, zus, Piet, vrouw, oma, dochter en zo voort: ze bestaan niet meer—dat moeten we gaan bevatten. Dit is nog maar een allereerste oefening.

Daar ligt ze.

Ze? Niks *ze*.

Welnee, geen sprake van dat zij dit is. Wij zijn gekomen voor een laatste blik op onze moeder, maar we zijn te laat. Hier is zij niet. Hier ligt een soort van ongetwijfeld goedbedoelde en met enig vakmanschap vervaardigde Madame-Tussaudversie van haar.

Wie een wassen beeld boetseert is uit op een treffende gelijkenis met een goed bestudeerde levende, een momentopname. Hier echter was iemand in de weer geweest op basis van nauwelijks meer dan een vage notie. Iemand had, hoe kon het ook anders, een gooi gedaan. De dode had een gezicht gekregen—zomaar een gezicht.

Ach, wat was ze dood, onherkenbaar dood. 'Stoffelijk overschot'—hoe bewonderde ik de precisie van die afgemeten woorden. En hoezeer begreep ik, misschien nu pas werkelijk voor het eerst, dat mensen al lang geleden, om deze verbijsterende aanblik zo goed en zo kwaad als dat ging onder woorden te brengen, van alles bedacht hadden om te benoemen wat er uit het lijk weg was: de geest, de ziel, de adem, het vuur. Het lichaam was er wel, in al zijn uitgediendheid en onmacht, maar zij, mijn en zijn moeder, viel nergens meer te bekennen. Weg, heen, verdwenen.

De kus die ik haar gaf, in navolging van mijn broer, en in een halfhartige en nutteloze poging om haar niet zo bevroren en alleen te laten zijn, was een geval van het meest ijzingwekkende eenrichtingsverkeer.

Ik word wakker van een mug, die langs de lamellen van de luxaflex heen naar binnen moet zijn gezweefd. Ze zijn er weer. Ik knip het lampje op het nachtkastje aan en luister.

Maar het diertje houdt zich stil.

Jawel, ik weet het. Mijn bloed—lekkerder blijkbaar dan dat van mijn vrouw die rustig naast mij door blijft slapen (net zoals vroeger mijn broer, als medeslaper in de smalle twijfelaar, niets te duchten had met mij naast zich)—, mijn bloed is benodigd voor een voorspoedige afwikkeling van haar zwangerschap. Alleen een zwangere mug behoeft bloed.

Dat is tot daaraan toe, en wie zou ik zijn om een mug mijn bloed te misgunnen. Maar ach, deed zij haar aanval op mij maar in alle stilte, dan was er niets aan de hand. Want ik, lichter slapend dan vroeger, word klaarwakker van het jankende geluid dat begint als een bromfiets in de verte, en eindigt als de duikvlucht van een straaljager.

Dus lig ik, en wacht. Tot ik haar gelokaliseerd heb.

Soms is dat eerst op een plaats waar ik haar niet zal kunnen treffen, een briljante plaats, als het geen dom toeval zou zijn. Op een houten krul bij voorbeeld, Jugendstil, aan het hoofdeinde van het bed. Of op een koord van de luxaflex. Geduldig wacht ik tot ik haar zie landen op een effen oppervlak.

Nu ben ik zelf de jager geworden. Moordlustig sta ik in de slaapkamer, het tot prop gerolde pyjamajasje van mijn vader in de hand. Ondanks reddeloze veroudering van snit en dessin wordt het zo nu en dan nog wel door mij gedragen. Zeven jaar geleden gekregen, toen mijn moeder zijn kleren opruimde. Had ik natuurlijk meteen moeten weigeren. Haar had het niets kunnen schelen. Maar ik heb niet geweigerd. Vervolgens had ik het uiteraard weg kunnen doen na het verblufte en enigszins lacherige commentaar van mijn vrouw, die zich niet ontzien had te spreken van 'een lullige pyjama'. Wat ik trouwens van harte met haar eens was geweest. Maar een zekere onverschilligheid tegenover nachtmode, gevoegd bij de neiging gebruiksvoorwerpen in ere te houden zolang als het hun belieft dienst te blijven doen, had de pyjama al die jaren bewaard.

Daar zit ie, op de witte muur.

Mijn hand is trefzeker. Altijd. Geruisloos, en vooral zonder luchtverplaatsing, nadert mijn hand met de pyjamaprop. Een zachte dood vindt de mug. Gesmoord, geplet tussen katoen en stucwerk. Een vlek, dat is wat er van haar rest.

Maar intussen ben ik zo onherstelbaar wakker geworden dat ik maar opsta, om mijn kamerjas te pakken en naar boven te gaan, naar mijn werkkamer. De kamerjas van blauw ribfluweel, zo'n dertig jaar geleden gekregen van mijn moeder, met Sinterklaas.

Ik knip de lamp op mijn bureau aan. Waarom zou ik, nu ik toch wakker ben, niet wat aantekeningen maken in mijn bij vlagen en met zeer grote tussenpozen bijgehouden dagboek, rond de dood en het sterfbed van mijn moeder.

Maar nauwelijks ben ik gaan zitten en heb ik de eerste toets aangeslagen, of daar hoor ik het geritsel van een nachtvlinder—die plaatsneemt op de ruggegraat van de ringband die ik zojuist opengeknipt heb, voor een velletje papier. Tussen de omhoogstekende ribben zit ie! Als ik de ringband dicht zou klappen, zou de vlinder gevangen zitten. In een langwerpige smalle kooi.

De schrijfmachine zwijgt, de vlinder zit.

Ik hervat mijn getik—de vlinder stijgt op.

Ik staak het—de vlinder landt weer.

Het is duidelijk: de vlinder wordt onrustig zodra ik tik. Ratelt de machine, dan ritselt de vlinder, rond mijn hoofd, naar en in de lamp. Zelfs de meest verstokte logisch-positivist in mij, of wat daar nog van over is, kan zich voor het moment niet onttrekken aan de gedachte dat dit mijn gereïncarneerde moedertje moet zijn... Dat kan toch niet anders. Die voortdurende aanwezigheid: op de ringband die de losse velletjes van mijn dagboek bijeenhoudt; in en rond de lamp; op en in de schrijfmachine. Ja, zelfs in de machine: op dit moment belet hij me zowaar het tikken. Kijk nou toch—doodgemoedereerd zit ie in het amfitheatertje dat gevormd wordt door de poten van de letters. Kleine donkerbruine nachtvlinder. Als ik ook maar een toets zou aanslaan, zou ik de vlinder verwonden.

Haar stem klinkt in mijn hoofd. Stem van lang geleden, uit de tijd van mijn waanzin en verwoede expedities naar het ouderlijk huis.

—Jij gaat toch niet over ons schrijven, jongen?

En alsof dat nog niet genoeg zou zijn, hoor ik achter mij, verder weg op de zolder, een tweede nachtvlinder. Zo heeft een mug mij gewekt om op zolder bijeen te zijn met twee nachtvlinders.

Steeds duidelijker wordt het me, nu het ouderloos tijdperk is ingegaan—alleen kinderen die hun ouders niet overleven wordt dit nooit vergund—, dat het leven altijd al uit fasen en tijdperken bestaan heeft, soms scherp gemarkeerd, vaak nauwelijks merkbaar. Zoals op een analoog uurwerk de kleine wijzer stil lijkt te staan, en je zelfs de grote wijzer hoe strak je ook blijft kijken nooit ziet bewegen, net zo min als je een plant of een kind ziet groeien, zo lijkt er op elk afzonderlijk moment van evenwicht niets te veranderen en diep in je hart zou je maar al te graag geloven dat dit voor altijd is. Je houdt van de vaste indelingen, van de diverse huiselijke zeden en gewoonten, van de jou toebehorende dagen waarop je voor jullie vieren kookt, van de vrijdagochtenden waarop je met vrouw en vrienden gaat tennissen, enzovoorts—de routines van dag en week, waarop je drijft en die jou met een heel zacht vaartje stroomafwaarts voeren.

Ze zijn bedrieglijk, de routines.

Heel goed denk ik te begrijpen dat juist degenen die het eeuwige leven wensen te beërven—kloosterlingen en kluizenaars, en wie weet ook clochards en stadsnomaden—zich terugtrekken uit de wereld, en zelfs uit hun lichamen, ter voorkoming

262

van inbreuk van buitenaf op hun routines en riten die aan elke dag en aan ieder seizoen zoveel mogelijk een eigen onveranderlijk karakter dienen te verlenen.

Misschien hangt het ook samen met mijn geringe vermogen om vooruit te zien, een soort van wezenlijke bijziendheid, dat ik zo vatbaar ben voor de bedwelming van het ogenblik. Vaak lijk ik mijzelf wat dat aangaat nog een kind: de anderen (de groteren) zullen er wel op letten dat wij ons doel bereiken, dat we de weg terugvinden, dat we op tijd vertrekken.

Ik houd ervan sporen uit te wissen. Ik houd van opruimen. Misschien zeg ik het verkeerd. Ik houd ervan als alles weer opnieuw kan beginnen.

  Neem bij voorbeeld de keuken, 's morgens vroeg, als mijn vrouw vertrokken is naar haar werk, en de kinderen naar school zijn. Niemand, werkelijk niemand zou het mij euvel duiden als ik direct naar boven vertrok, naar mijn zolder, om daar mijn werk onder ogen te gaan zien. Dat zou ook vast en zeker het beste zijn, het rechtlijnigst en het daadkrachtigst. Waarom zet ik dan toch vliegensvlug die zes stoelen op de tafel, poten omhoog, om stof te gaan zuigen en de zwartwitte tegelvloer te dweilen—de ene poes neemt de vlucht al zodra hij de stofzuiger hoort, de andere moet ik buiten sluiten. Ik zuig, ongehaast en blijmoedig, onder de kast van tante Tiets, onder de tafel van Pander, onder het krukje waarop de telefoon staat, langs het aanrecht, ik zet de lege flessen op de gang, en de oude kranten, ik maak het aanrecht schoon, en vervolgens dweil ik.

  Het dweilen is een langzame, systematische, terugtrekkende beweging waarbij het strikt verboden is nog een voet te zetten op reeds gedweilde oppervlakken. Ik houd van het snelle op-

glanzen van de zwartwitte tegelvloer, van de geluidloze ver-
dwijning van het vuil, van het trage opdrogen dat zich voltrekt
vanaf de voegen en de randen van de tegels, op weg naar het
midden.

En als ik ten slotte ook de gang heb gedweild, van de voordeur terug tot waar de trap begint, en ik de mop tegen de keu-
kendeur heb gezet, en het al tevoren beraamde en met zijn eigen schoteltje tegen te snel afkoelen afgedekte kopje espresso op
een van de onderste treden zie staan, dat ik nu oppak, om ermee naar boven te lopen, de drie trappen op, luik open, luik
weer dicht, bevind ik mij in het centrum van mijn leven: hier
kan ik gemist worden.

†